ARANHAS

ARANHAS

CARLOS HENRIQUE SCHROEDER

1ª edição

EDITORA RECORD
RIO DE JANEIRO • SÃO PAULO
2020

CIP-BRASIL. CATALOGAÇÃO NA PUBLICAÇÃO
SINDICATO NACIONAL DOS EDITORES DE LIVROS, RJ

S412a   Schroeder, Carlos Henrique
         Aranhas / Carlos Henrique Schroeder. – 1. ed. –
         Rio de Janeiro: Record, 2020.

         ISBN 978-85-01-11850-9

         1. Contos brasileiros. I. Título.

19-61556   CDD: 869.3
                                        CDU: 82-34(81)

Meri Gleice Rodrigues de Souza - Bibliotecária CRB-7/6439

Copyright © Carlos Henrique Schroeder, 2020

Todos os direitos reservados. Proibida a reprodução, armazenamento ou transmissão de partes deste livro, através de quaisquer meios, sem prévia autorização por escrito.

Texto revisado segundo o novo Acordo Ortográfico da Língua Portuguesa.

Direitos exclusivos desta edição reservados pela
EDITORA RECORD LTDA.
Rua Argentina, 171 – Rio de Janeiro, RJ – 20921-380 – Tel.: (21) 2585-2000.

Impresso no Brasil

ISBN 978-85-01-11850-9

EDITORA AFILIADA

Seja um leitor preferencial Record.
Cadastre-se em www.record.com.br
e receba informações sobre nossos
lançamentos e nossas promoções.

Atendimento e venda direta ao leitor:
sac@record.com.br

Para o Samuel, que confunde aranhas com formigas.

"Se como uma aranha eu fosse confinado a um sótão pelo resto dos meus dias, o mundo para mim seria imenso desde que estivessem comigo os meus pensamentos."

HENRY DAVID THOREAU,
WALDEN OU A VIDA NOS BOSQUES

"E o humano aparece então como aquilo que resta, um tanto em farrapos, do aracniano atravessado por essa espécie de meteorito cego que é a consciência."

FERNAND DELIGNY,
O ARACNIANO E OUTROS TEXTOS

Sumário

Viúva-negra (*Latrodectus mactans*) — 13
Vermelha comum (*Nesticodes rufipes*) — 17
De parede (*Selenops spixi*) — 18
Tarântula de botas (*Avicularia metallica*) — 19
Aranha-lobo (*Lycosa erythrognatha*) — 21
Ciborgue (*Monsanto technologies*) — 39
Argíope multicolorida (*Argiope versicolor*) — 40
De rato (*Missulena*) — 43
Saltadora (*Evarcha culicivora*) — 44
Lince americana (*Peucetia viridans*) — 66
Do sulco (*Larinioides cornutus*) — 67
Teia-dedo-de-luva (*Atypus affinis*) — 68
Cara-feliz ou nananana makakii (*Theridion grallator*) — 69
Babuíno comum (*Harpactira sp*) — 80
Espinho (*Micrathena schreibersi*) — 81

Lançadora de rede (*Deinopis longipes*) 82
Golias-comedora-de-pássaros (*Theraphosa blondi*) 83
Teia-de-funil (*Atrax robustus*) 100
Saltadora-de-manchas-pretas (*Acragus sp*) 101
Voadora (*Selenopidae*) 102
Fio-de-ouro (*Nephila clavipes*) 103
Espelho (*Thwaitesia argentiopunctata*) 130
Da teia gigante (*Nephila komaci*) 131
Boleadeira (*Cladomelea sp*) 132
Gladiadora (*Deinopis plurituberculata*) 133
Reclusa-castanha-chilena (*Loxosceles laeta*) 139
Espinhosa (*Gasteracantha cancriformis*) 140
Marrom (*Loxosceles*) 141
Cara de diabo (*Verrucosa arenata*) 150
Da-casca-de-Darwin (*Caerostris darwini*) 151
Cuspideira (*Scytodes thoracica*) 152
Armadeira (*Phoneutria nigriventer*) 164

Bertrand-Jean Redon, pintor e artista gráfico conhecido como Odilon Redon (1840-1916), foi um mestre simbolista da pintura e das artes gráficas. Interlocutor de Paul Gauguin, Georges Seurat e Mallarmé, desenhou em 1881, com carvão vegetal, duas peças perturbadoras: *A aranha chorando*, que se encontra numa coleção particular na Holanda, e *A aranha sorrindo*, que está no Louvre, em Paris.

Tenho pesadelos constantes com essas pinturas, onde vejo minha cabeça ali, ora chorando, ora sorrindo.

Então escrevi este livro. E os pesadelos continuaram.

Viúva-negra
(*Latrodectus mactans*)

Patrícia e Nicolas já tiveram amantes, muitos. Do sexo contrário, do mesmo, décadas mais jovens, alguns anos mais velhos. Não sabiam ou fingiam não saber dos casos um do outro. Estavam há trinta e dois anos, cento e noventa e seis dias e quarenta horas casados. O passado não importava mais, não havia mais espaço para o rancor, e eles sabiam disso. Caminhavam para os sessenta e cinco anos, e agora só importava o futuro. Seus filhos já estavam estáveis, e, como pais regrados (nunca foram para a Europa, sempre quiseram), conseguiram uma poupança e aposentadoria dignas. Assistiam, naquele momento, à quarta temporada de *Better Call Saul*, seriado derivado de *Breaking Bad*, na Netflix. Admiravam a garra da advogada Kim e riam das trapalhadas de James "Jimmy" Morgan

McGill, que se transformaria no controverso Saul Goodman. Nicolas queria assinar os serviços da Amazon Prime Video e da HBO GO, para ter mais variedade, mas Patrícia foi categórica: "Não conseguimos ver tudo que queremos na Netflix, para que gastar dinheiro em mais conteúdo se não conseguiremos aproveitá-lo?" Ela tinha razão, como sempre. Estavam confortavelmente instalados, em um sofá que proporcionava o mesmo conforto de uma cama. Cada um em um canto do móvel. Gostavam de espaço.

"Acho que chegou a hora", disse ele, em tom solene.
"Jantar?"
"Não. De fazer aquilo."
"Aquilo?"
"Sim."
"Mas e o dinheiro?"
"Podemos fazer ajustes, cortar algumas coisas e assumir parcelas. Economizamos durante um ano, por exemplo, a partir do próximo janeiro. E no ano seguinte assumimos as parcelas. Pagamos em doze vezes."
"Itália?"
"Sim."
"Mesmo com todos esses atentados?"
"Sim."
"E como vai ser?"
"Excursão. Com um bando de velhos. De ônibus."
"Faremos exatamente aquilo do que debochamos a vida inteira. Os velhos zumbis turistas seguindo o senhor guia."

"Isso mesmo. Você não nos imagina mochilando sozinhos pela Itália, não é?"

"Não."

"Então é isso. Sem contar que deve ser divertido. Um monte de velhos..."

"Como a gente..."

"Sim."

"Bom, vamos comemorar."

Nicolas tirou o celular do bolso da calça e pediu uma pizza. Toda de Margherita. Era o sabor predileto deles, e nunca enjoavam.

"Você sabe por que a pizza leva esse nome?"

"Não."

Ela sabia. Ele sabia que ela sabia. Sabiam mesmo antes dos filhos nascerem. Mas era esse o ritual. Ele pedia a pizza e perguntava. Rituais são o que salvam um relacionamento.

"Foi criada em Nápoles, em 1889, pelo pizzaiolo Rafaelle Esposito, para homenagear a rainha Margherita di Savoia durante sua visita à cidade."

"Sério?"

"Sim, e os ingredientes fazem referência à bandeira da Itália: o branco, a mozarela de búfala; o verde, o manjericão; e o vermelho é o molho de tomate."

"Uau."

E ficaram assim, felizes, mastigando seus pedaços de pizza enquanto assistiam ao seu seriado favorito, e se imaginavam no Coliseu, na Fontana di Trevi, no Vaticano. O problema é que o câncer estava indeciso e não sabia qual dos dois levar primeiro.

"Quer o último pedaço?"

Vermelha comum
(*Nesticodes rufipes*)

A frase saiu de uma vez só, palavra a palavra, num tom monocórdio, mas duro: "Não é uma indireta ou algo do tipo. Nem tudo diz respeito a você. Acredite, você não é a coisa mais importante do universo." Ela não respondeu, saiu da sala e eu fiquei. Comecei a olhar minhas mensagens no WhatsApp, mas minha atenção, na verdade, atravessava o celular. Aos poucos, nossas conversas murcharam, e de ambos os lados a má vontade foi crescendo, para tudo. Imaginei, tempos depois, ou melhor, dois relacionamentos depois, que a frase "Você não é a coisa mais importante do universo" fosse como uma frágil teia de aranha, que, embora não limitasse totalmente os movimentos, impediria que se fosse muito longe.

De parede
(Selenops spixi)

Eu a vejo passar aqui na rua quase todos os dias e cerro minhas mãos, e chego a ouvir o som oco dos meus socos no seu rosto. Um dia ela me viu e cumprimentou. Respondi com um aceno de cabeça. A coisa que mais odeio na Jéssica é ela ser uma sapatona grande e forte. Eu também sou uma sapatona grande e forte, mas não me odeio. Tenho vontade de lhe dar uma boa surra. Uns socos. Uns chutes. Uns tapaços naquele cabelo curtinho ou mesmo arrancar-lhe uma orelha com uma mordida. Pegar uma cinta e dar-lhe nas costas. Ou uns beijos.

Tarântula de botas
(*Avicularia metallica*)

Estávamos todos em cima do muro, brincando. Três garotos e eu, a menina, a prima. Os meninos eram desengonçados, como sempre, e caminhavam com os braços abertos, para se equilibrarem melhor. Eu não precisava, tinha feito algumas aulas de balé e também de judô, caminhava tranquilamente, equilibrada e com graça. Eles iam na minha frente, Juan, o de onze anos, Pedro, de dez, e o Maycon, de nove, o último, na minha frente. Eu recém fizera nove e era mais madura que qualquer um deles, que eram aparvalhados. Nossos pais estavam bêbados, como todos os finais de semana, e jogavam canastra, e provavelmente deixariam queimar o frango no forno, como a tradição domingueira.

Senti um impulso incontrolável e empurrei Maycon. Não um empurrão qualquer, lateral, para que caísse do muro, mas um empurrão forte e rápido, para a frente, para que trombasse com os outros dois. Foi engraçado ver os três se engalfinhando e lembro de ter sorrido. Mas, como eles caíram raspando no muro de cimento salpicado, percebi que se machucaram, todos. E me joguei no chão, imediatamente, e comecei a raspar um machucado que tinha no joelho (herança de uma queda de patinete), enquanto rolava na grama, para sangrar. Gritei muito mais alto que eles e, quando os adultos chegaram, vieram diretamente para mim.

Os bobões ficaram lá, sentados, olhando seus arranhões e ralados, e eu já tinha emplacado minha história: me desequilibrei e caí sobre Maycon. Percebi, hoje, ao negociar com meu chefe, que, embora eu tenha crescido, minha capacidade de dissimular continua intacta.

Aranha-lobo
(*Lycosa erythrognatha*)

Respira fundo e consegue, por trás do cheiro da parafina, discernir o odor da areia e da água salgada. Era bom com os cheiros. Termina de passar parafina em sua prancha e confere o mar: "De cinema." Ondulação de leste, com ondas pesadas e perfeitas, com séries que chegavam aos dois metros e meio. Pico bem-definido para os dois lados: a direita quebrando mais curta, e as esquerdas formando longas paredes, abrindo em direção ao meio da praia. "Meio *crowdeado*, mas simbora." Termina de vestir sua roupa de neoprene, entra na água, passa a arrebentação com facilidade e chega na massa de surfistas, que espera a próxima série de ondas. Cumprimenta um ou outro conhecido, fica sentado na prancha. Mais uma bela manhã de setembro, com poucas nuvens e vento estável. Não estava muito frio para o mês, mas as estações andavam mal-humoradas havia alguns anos já, e tinha o El Niño, La Niña e o escambau, sempre dando nó na natureza. Dá uma olhada com calma na formação das ondas, lá no fundo.

Deitada numa prancha de bodyboard, Márcia vem remando, da direita, na direção de Sandro.

"Dalê, Sandro, não cumprimenta mais as *sister*?"

Ele reconhece a voz de imediato.

"Ô queridona, tudo certo?"

Sandro deita e rema até encontrar Márcia: trocam três beijinhos. Nisso entra uma série de ondas, e muita gente se posiciona.

"Vai nessa?"

"Não, linda, estou de boa, acabei de chegar, vou dar um confere primeiro. Vai?"

"Não, estou de boa também, daqui a pouco vou vazar, está *crowdeado* o pico."

"Sim, sempre, esse é o horário mais cheiaço mesmo."

Ficam em silêncio, enquanto são chacoalhados pelas ondas que irão estourar em instantes, alguns metros adiante. Há tumulto, uma multidão rema e grita: "Ei ei", "É minha", "Sai fora". Todos querendo alguma primazia sobre elas.

Para Márcia e Sandro, estar no mar já é uma graça. Seus corpos e o mar, integrados. Palavras não dão conta de nominar certos sentimentos, e nenhuma palavra ou frase consegue expressar a conexão de um surfista com sua onda. Estar na onda. Como um peixe (afinal, na raiz de tudo, estão os peixes, viemos deles, não foi?).

É possível ouvir a voz entrecortada de Márcia, entre o barulho das ondas (como trovões distantes) quebrando.

"Hoje tem luau lá no Tribus, cê vai?"

"Não rola, hoje tem trampo na casa de um bacana. Era afinzão, mas trampo é trampo."

Sandro é garçom, e atende eventos em geral, sempre à noite. Tem uma boa aparência, é educado e não flerta com as mulheres das festas. Isso sempre garantiu uma boa impressão com os contratantes. Embora tenha feito o curso de garçom no Senac, foi na prática que aprendeu os segredos da profissão (afinal, um garçom de eventos é muito diferente de um garçom de restaurantes, são outros princípios e dinâmicas, outra motricidade). Gosta de sempre estar em lugares diferentes, com pessoas diferentes, mas a noite cobra um preço alto para ele. Fica imprestável no dia seguinte, como se estivesse de ressaca. Uma noite maldormida acaba com o dia dele, e acabar com o dia significa não poder surfar. Então só surfa quando não trabalha no dia anterior. Já Márcia trabalha em uma loja de roupas de surf, das 14h às 22h. Atende o público feminino, que corre atrás das suas marcas prediletas: Roxy, RVCA, Rip Curl, Hang Loose e Billabong. Trabalha há dez anos na mesma loja, a Aloha, e gosta do que faz. Ao olhar uma menina ou mulher, já sabe o que cairá bem nela. Márcia e Sandro. Sandro e Márcia. Juntos, no mar.

"Sim, padrão, né, estamos nessa, todos. É preciso trabalhar. Ao menos o mar é de graça, né. Por enquanto."

"Só. Nunca se sabe."

"Está entrando mais uma (série), vou aproveitar e sair fora..."

Márcia começa a remar para sair.

"Márcia..."

"Sim."

"Você me conhece há um tempão, né, eu não tive nada a ver com o rolo, você sabe, né?"

"Sim, estou ligada, mas avisa o Betão que o dele está guardado, não vou deixar barato. O bicho está até sumido, tem uma galera que quer dar uma real nele. Otário."

"Sim, foi sacana, creonte mesmo, lá no jiu a galera pegou ele, deu uma prensa, isso não é atitude não."

"Não mesmo, era a minha intimidade. A minha vida..."

Márcia diz essa última frase com a voz embargada. Não quer chorar na frente de Sandro, e sai. Rema até pegar uma onda não muito boa, e Sandro observa tudo, até quando a silhueta dela surge na areia. Mais um amor perdido, caminhando, para longe. E lembra de Luciane.

"Foda."

Sandro e Márcia viveram um breve namoro, que não durou muito, talvez dois ou três meses, na oitava série, há mais de dez anos atrás. Ele era da Oitava C, e ela da

Oitava D. Márcia ajudou Sandro a superar a dor de perder Luciane. Mas depois Sandro perdeu Márcia, e as dores se sobrepuseram e sua adolescência foi um inferno.

Que fique claro, desde já, que Luciane e Sandro não tinham nada, nada mesmo. Ela era a garota mais bonita da Oitava C, já tinha corpão de mulher e namorava o Marcelo Naves, do segundo ano do ensino médio, que era o melhor surfista da escola na época, e depois se profissionalizou, chegando a figurar no ranking nacional posteriormente.

Metade da sala, incluindo as meninas, amava a Luciane, que, além de grande presença física, era muito espirituosa. Sempre de bom humor, pronta para ajudar qualquer um, numa tarefa ou em problemas pessoais comuns. Linda. Ruiva. Com sardas. Pele branquíssima. Ela sentava na frente, pois gostava de estudar. Sandro estudava porque sua mãe mandava, e ele respeitava sua mãe, só ia para a escola para fazer sua mãe feliz. "Uma guerreira." O pai dele morrera num acidente estúpido: bateu com sua velha CG 125, bêbado, em um poste, e deixou Dona Clara com três filhos para cuidar. Mas Dona Clara se virou, era costureira, e das boas, e atendia o bairro todo, e assim sustentou os moleques.

A mãe de Luciane também era costureira, mas morava no bairro vizinho, e elas nunca se conheceram, nem depois da merda toda.

Sandro sentava do meio para trás, mas posicionado estrategicamente para vê-la, de costas, e saber o que ela estava fazendo. Ele pensou em escrever cartas para ela, mas quando pensou em fazer isso ela já recebia pelo menos três cartas por dia. Estava sempre atrasado. Ele ficava em casa, no quarto, escutando músicas lentas e dançando com um travesseiro, imaginando que fosse Luciane. E chorava. Chorava por não ter Luciane, e por seus hormônios em conflito, claro.

No final das aulas, ficava encostado em uma árvore, sozinho, observando Luciane e Marcelo caminhando juntos, vagarosamente, e de mãos dadas, até virarem a esquina. Essa foi a primeira vez que Sandro desejou a morte de alguém. Queria que Marcelo morresse, afogado, de preferência, para sofrer mais. Para, quem sabe, Luciane sobrar para ele. "Muito cuidado com o que você deseja", disse-lhe um professor certa vez.

Sandro lembra, ainda hoje, do último dia que viu Luciane, no final da aula. Não estava com Marcelo, mas com um grupo de amigas, e falavam alto, quase gritando, sobre algo que estava acontecendo na *Malhação*, da Globo. Ela estava com o agasalho do colégio e um tênis verde. Foi encontrada no dia seguinte, com a mesma roupa, estrangulada, em um terreno baldio próximo da escola. Estava de bruços, com a calça abaixada até os joelhos. No início tentaram esconder que ela havia sido estuprada, para não apavorar ainda mais os alunos. Sabe-se que ela foi para casa, almoçou e foi fazer um trabalho de escola na casa da Grazi. Saiu de lá ao escurecer, para dar uma passada na casa do Marcelo, que era próxima da escola, e depois iria com Marcelo para sua casa, para jogarem Nintendo. Mas ela não chegou na casa do Marcelo, e o crime nunca foi solucionado. Ficou uma semana sem aulas e houve grande comoção na escola. Sandro ficou doente por duas semanas, vomitando e com dores abdominais. E conheceu a tristeza na sua forma mais pura, aquela que doía, que entrava nos ossos. Foi a primeira vez que pensou em se matar, em se enforcar com um fio de varal de roupas, mas estava muito triste até para isso. Duas semanas depois, quando voltou para a escola, estavam todos arrasados ainda. A carteira de Luciane estava vazia, ninguém se atrevia a sentar nela, como se estivesse amaldiçoada. As meninas tinham medo de sentar ali e acontecer o mesmo com elas. Os meninos também. Os sorrisos, tão fáceis na oitava série, ficaram raros por um bom tempo. Sandro começou a passar todos os dias, à tarde, na frente do terreno baldio onde encontraram Luciane. Foi a primeira vez com seus amigos, que lhe apontaram de longe onde encontraram ela. O terreno tinha uns 600 metros quadrados, uma vegetação baixa e umas madeiras entulhadas ao fundo. Acharam seu corpo a uns dois metros das madeiras. Demorou, mas ele tomou coragem. E um dia foi até lá, no exato lugar onde Luciane provavelmente deu seu último suspiro.

Primeiro, se ajoelhou, depois deitou sobre a terra e começou a cheirar, a vegetação rasa, a terra, para ver se sentia ainda algum aroma de Luciane. Era bom com odores, tinha um nariz afinado, mas nada, nenhum cheiro diferente. Chorou, se levantou e chutou algumas das madeiras do fundo do terreno. Conseguiu ver uma aranha se movimentando no meio das madeiras, era grande, enorme, uma mão. Deu uns passos para trás e pegou um pedaço de pau no chão. Você vê uma aranha e imediatamente pensa em veneno ou na sua aparência repulsiva. Esquece que ela é carnívora, como você. Esquece também que ela se alimenta de insetos (as menores) ou de ratos e pássaros (as maiores), mas só mata o que pode comer. Aranhas não compram animais ou insetos mortos, não negociam a morte. Não matam por prazer. Não foi uma aranha que matou Luciane.

Largou o pedaço de pau. Escutou um barulho de passos, olhou para trás e viu um senhor, de boné, no meio da rua, olhando para Sandro. Encararam-se por alguns instantes e por fim o senhor seguiu seu caminho. No dia seguinte, Sandro retornou, foi lá mais uma vez, se ajoelhou, cheirou a terra, chorou. Chutou as madeiras mais uma vez. A aranha não apareceu. Chutou uma, duas, três vezes. Por fim, ela surgiu, mas de um lugar diferente, de uma pequena moita ao lado das madeiras.

Sandro estava calmo. Não tinha mais medo da aranha.

"Você sabe quem foi, não sabe? Você viu, estava aqui e não fez nada."

Pegou uma pedra no chão e atirou na aranha. Errou, ela nem se mexeu.

Escutou o barulho de uma respiração pesada e se virou. O senhor de boné estava lá, de novo. Mas dessa vez demorou para ir embora, e ficou encarando Sandro. "Será que foi ele? Ou é um policial? Ou é algum conhecido?"

Mas o senhor saiu, vagarosamente. E Sandro nunca mais voltou ao local. Tinha medo do senhor de boné. E ficou muitos dias pensando no senhor de boné e Luciane, até que conheceu Márcia, numa festa na garagem da casa do Roger. Ela estava chorando, seu namorado lhe tinha dado um fora no dia anterior. Choraram juntos, ele por Luciane e ela pelo fora do namorado. Quando menos perceberam, estavam se beijando. Logo ele estava caído por Márcia e se alguém aqui disser que é impossível amar duas pessoas ao mesmo tempo, não viveu de verdade. Márcia passou a dividir os pensamentos de Sandro com Luciane. A primeira experiência sexual de Sandro foi com Márcia, sua primeira namoradinha. Mas o namorado dela resolveu voltar depois de um tempo e Sandro levou um pé na bunda, e voltou a pensar na corda do varal. Ficou uns dois anos sem falar com Márcia, mas estudaram juntos no terceirão e, mais maduros e machucados e experientes, tornaram-se amigos. Quando a escola terminou, cada um seguiu seu caminho. Se encontravam na praia, de vez em quando, em algum luau ou festa. Mas nada mais rolou. Nada mesmo. Márcia era mais uma garota perdida de Sandro, como Luciane.

E Márcia está lá, indo para a rua de acesso à praia, ficando cada vez menor, aos olhos de Sandro, que resolve então remar e ir atrás de alguma onda.

Numa roda, em pé, de quimonos e com faixas que variam da branca até a marrom, um grupo observa a luta de Sandro, de faixa marrom, com Fred, seu professor, de faixa preta.

"Cuidado com o pescoço!" "Tenta o braço, Sandro!" "Olha a guarda!"

A luta é disputada, mas é clara a vantagem do professor, e quando o quimono de Sandro fica aberto, e a faixa completamente desamarrada, eles param. Sandro se ajeita, se cumprimentam e recomeçam; de pé. Sandro ataca, tenta um o-soto-gari, mas Fred se defende e o derruba com um lindo soto-maki-komi. De costas no chão, Sandro não consegue fechar a guarda, tenta se safar das investidas de Fred como pode, mas é finalizado com um katagatame e dá os três tapinhas. A galera aplaude e grita: "Valeu, valeu, valeu..."

Fred e Sandro se abraçam e se cumprimentam.

No fim da aula, ambos se despedem dos últimos alunos no vestiário. Tiram o quimono e botam suas roupas, enquanto conversam.

"Tenho que melhorar a guarda, não é, mestre?"

"Sim, se tivesse puxado para a meia-guarda ali, logo depois da queda, raspava fácil. Molezaça. Eu tava até esperando a meia-guarda."

"Mas com o quedão que tomei não consegui pensar nisso, deu um branco, fiquei sem ar."

"Você caiu mal, foi isso, não distribuiu o peso."

"Mestre..."

"Diga lá?"

"Hoje eu falei com a Márcia... No mar."

"Sério?"

"Sim. E o Betão, tá sumido?"

"Não apareceu mais... Dei uma dura nele, o Maicon também, mas não adianta, o Betão não tem jeito."

"Depois da papeleira, meu deus."

"É, e nem a Marcinha. Os dois sumiram. É sempre assim, os outros que aprontam e eu me estrepo, com essa eu perdi dois alunos..."

"Tadinha da Márcia..."

"Vacilou, né? Hoje em dia não dá, não deve deixar gravar, né? Que ingênua. A internet está cheia desse tipo de putaria, de gente vacilona. Eu recebo todo dia, um monte, no meu Whats."

"Sim, mas... Eu não vejo por esse lado, o Betão é que foi um filho da puta do caralho. Porra, a mina treinava com a gente."

"Acontece, o bicho grampeou a mina, meteu bonito, cravou mesmo... Ela deixou filmar, ele mostrou pros brou, e os brous passaram para outros e outros, acontece, foi uma fatalidade..."

"E se fosse tua filha, ou irmã?"

"Aí são outros quinhentos, o pau ia cantar."

"Pois é, mestre, você só tá vendo o lado dele."

"Pode ser. Pode ser. Não parei para pensar bem nisso, vou trocar uma ideia com o maluco de novo na hora que cruzar com ele. Aquele dia só dei uma dura de boa, geral. Mas vou me aprofundar da próxima vez, ver qual é mesmo."

"Isso, é importante, as pessoas estão esperando isso de você, mestre."

"Valeu pelo toque..."

"Opa, tâmo aí..."

"Poxa, tenho que te falar uma parada, até ia deixar quieto, mas você é sangue bom."

"Qual a treta, mestre?"

"Cara, seguinte, eu não queria te dizer isso, mas me falaram que o Betão anda espalhando aí que passou para ti o vídeo, e foi tu que espalhou. Que ele só passou para ti e daí tu vazou geral."

"Baita creonte, que otário, eu não..."

"Relaxa, relaxa, meu velho... Eu conheço o Betão lá do morro, estou ligado na dele, sempre foi da ideia ruim mesmo. Já me disseram que não foi a primeira vez que fez dessas, dizem até que uma menina mais nova lá do bairro se matou por causa dele, por causa duma parada como essa, mas não sei se é real. A galera fala muito."

"Ele passou para mim o vídeo, na mesma noite que rolou, mas passou para toda a galera. Eu não passei para ninguém, ela é minha amiga, já tivemos um lance nas antigas. Eu respeito ela, é gente fina a mina. Baita creontagem do Betão querer colocar no meu. Eu sabia que ele tinha falado para o Alê que eu tinha passado, mas é geral então? Está botando no meu, geralzão?"

"Sim, geralzão. Bom, tu viu o vídeo, é fácil imaginar porque circulou e vazou."

"É."

"Gostosa do caralho."

"Não acredito que ele está armando pra mim, logo pra cima de mim, que já dei uma força pra ele."

"Vai de leve, vai de leve, que o bicho é malaco."

"Vou ter que cair pra dentro, mestre."

"Não, converse, numa boa. Vai de leve, converse."

"Com o Betão? Não tem jeito, mestre. É na mão mesmo."

"Porra, mas aí me ferro de novo, já perdi dois alunos e agora vai dar fuzuê de alunos brigando, aí vão falar por aí que somos porradeiros e tal, e os mauricinhos não virão mais aqui... Não, bicho, olha, pensando bem, deixa que eu resolvo essa. Ele não aparece mais por aqui, mas deve estar entocado lá na vila, que é a área dele."

"Se bota no meu lugar, mestre, o que você faria? Hein?"

"Cara, aí é outra história."

"É sempre outra história quando não é a tua história, não é?"

Fred, com o cenho franzido, chacoalha a cabeça negativamente.

Era fácil achar o Betão. Ele estava sempre no centrinho da praia velha, na vila. Lá ele era o rei. Ficava sentado numa velha cadeira de plástico, numa mesa com os pés remendados, na sorveteria do Nene, cuidando de seus negócios. Sempre tinha algo para negociar: iPhone, iPad, tênis, bebidas. Sua mochila vivia cheia de bugigangas, que eram roubadas no centro da cidade, pela pivetada. Betão era um mercador. Comprava crack direto da fonte, do Ginja, por um preço X, e trocava com a pivetada por produtos, mas com o crack valendo dois X. Era menos arriscado negociar com a pivetada do que vender crack por aí, pois todos que vendiam acabavam caindo. Betão de vez em quando arrumava alguma coisa para o Nene, da sorveteria, para compensar pelo uso do "escritório": um relógio, uma carteira, um celular.

Jogava *Free Fire* no celular, e chupava um sorvete de rum com passas, tranquilamente. Não viu Sandro se aproximar, puxar uma cadeira e se sentar.

Betão se assusta, mas abre um sorriso.

"Ae, Sandrão, tu por aqui? Tudo certo, mermão?"

Betão estica o braço, para dar um cumprimento.

"Baixa essa porra aí, Betão, não tem toquinho contigo não, não com um creonte como tu."

Betão se mostra surpreso, e ergue as mãos para o alto. E gesticula enquanto fala:

"Qualé, mermão?! Tá de sacanagem?"

"Tô ligado que tu anda botando no meu com a história da Marcinha."

"Eu não, tu é mermão, imagina; quem falou essa merda aí?"

"Porra, além de creonte, é cagão e mentiroso, tu é um fia da puta mesmo!"

Betão se levanta bem rápido e empurra a mesa.

Obviamente ele não se preocupava com a honra da mãe, que já não via há mais de dois anos. Ele já tinha dado algumas surras nela, e vendido quase tudo de dentro de casa. Até que Dona Marisa começou a namorar um policial civil e Betão teve que deixar o morro. Mas a expressão é forte, e sempre um teste para a passividade alheia.

"Escuta aqui, fia da puta não, tu vai levar, mermão, tá pensando o quê?"

"Levar o que, vem então."

Os dois se estudam um pouco. Sandro temia que Betão estivesse armado ali, pois sabia que ele tinha um .38 e uma daquelas facas de peão. Era provável que a luta fosse para o chão, onde teoricamente Sandro teria uma vantagem, por ser faixa marrom, enquanto Betão era faixa roxa, um degrau a menos. Mas, com uma arma branca ou revólver, ele ficaria vulnerável em qualquer lugar. Sandro entrou no jiu-jítsu depois que Márcia terminou com ele, e na arte suave canalizou toda sua energia destrutiva, deixou de pensar na corda do varal e passou a pensar em posições. O esporte exigia concentração, disciplina e memória. Começou a treinar diariamente na academia do Fred, um dos primeiros faixa-pretas do bairro, e virou um dos discípulos prediletos dele.

Não havia dúvidas de que no chão, mesmo sem quimono, Betão seria uma presa fácil. Se a briga ficasse em cima, na mão, Betão tinha mais experiência e maldade. Sim, você vai ficando mais velho e experiente, e também mais maldoso nas brigas. Sabe onde machuca, onde bater.

Sandro se aproxima rapidamente, e Betão se prepara. É tudo muito rápido em uma briga: são segundos, frações de segundos, e uma cadeia de decisões, com causas e efeitos instantâneos. Betão se prepara para se defender de um ataque de Sandro, pois imagina que o faixa-marrom vai às suas pernas, com a famosa baiana, um golpe que visa derrubar o adversário. Ele curva os joelhos, se prepara para um sprawl, uma fuga da baiana, ou, dependendo de como Sandro viesse, poderia tentar uma guilhotina. Mas nada do previsto acontece. Sandro toma uma decisão que nem mesmo ele entendeu, analisando friamente a questão, já no hospital. Ele tenta dar uma cabeçada em Betão, ou seja, bater com sua testa no nariz de Betão. Mas como o Betão se flexionou, esperando um ataque nas pernas, e Sandro calculou mal o tempo e o espaço, Sandro deu com seu nariz no nariz de Betão, e com toda a força. Acordou no hospital, com o nariz quebrado.

O médico segura um pequeno espelho para que Sandro possa ver seu rosto, irreconhecível. Seus olhos estão inchados de tal maneira que mal podia vê-los, e muito roxos ao redor. Tem uma bola de gaze no nariz. E dificuldades para respirar e falar. O médico é claro: ficará dois dias no hospital, em observação, e terá que fazer uma cirurgia quando o inchaço diminuir. Vai tentar encaixá-lo numa cirurgia pelo SUS, com certa urgência. É uma fratura com desvio dos ossos do nariz, será necessário o reposicionamento deles.

"E o... Betão?", diz vagarosamente, um tanto fanho.

"O outro cara?"

"Sim."

"Vai receber alta em breve. Também quebrou o nariz, mas não foi grave não. Sem cirurgia."

"Que... merda..."

"Um de vocês poderia ter morrido, já vi pancadas mais leves darem em traumatismo craniano."

Está no quarto com mais duas pessoas, uma senhora que dorme e de vez em quando peida alto, e um adolescente todo engessado que só geme. Vê sua mochila em cima de uma cadeira. Aponta para a cadeira.

"Sua mochila?", diz o médico.

Sandro faz um ok com a mão. O médico entrega a mochila para Sandro, que pega seu celular. Precisava avisar sua mãe. Manda uma longa mensagem de texto para ela, tentando tranquilizá-la. O médico, ao ser ignorado por Sandro, sai sem se despedir. E Sandro começa a avisar e desmarcar seus compromissos profissionais. Tinha oito eventos nos próximos dias, e teria que cancelar todos. Ninguém gostaria de ter um garçom arrebentado assustando as pessoas. Seu mês estava realmente fodido. Certamente atrasaria o aluguel da quitinete, pois sem comer e sem telefone não podia ficar.

Manda uma mensagem para Márcia.

"Preciso falar com você."

Ela responde:

"Não temos nada para conversar. Fiquei sabendo que foi você."

Sandro tenta fechar os olhos e respirar fundo. Mas dói tudo; de verdade.

Ciborgue
(*Monsanto technologies*)

O uso de aranhas mecânicas, ou aranhas-robôs ou aranhas-ciborgues, a partir de 2112, para conter a abundância de insetos, em decorrência do superaquecimento, mostrou-se a solução mais rápida e adequada ao momento. As aranhas disparavam venenos paralisantes à distância e depois colocavam os insetos em seu compartimento incinerador. Quando as aranhas começaram também a vir com projetores holográficos max-d, aromatizadores e pequenos alto-falantes, perderam sua eficácia e foram substituídas por nanodrones de mira sonora. Sinal dos tempos.

Argíope multicolorida
(*Argiope versicolor*)

Ele sabia que havia um corpo lá fora. Escutou o estrondo seco, e depois gritos e mais gritos. Era uma merda morar no primeiro andar, ainda mais com uma área externa daquele tamanho. Já caíram três gatos, um *poodle*, três cinzeiros e pelo menos centenas de xepas de cigarros. Mas, pelo estrondo, agora era gente. Se preparara mentalmente para isso, há muito tempo, e sabia o que fazer: arrancou o lençol de sua cama e foi lá. Jogou-o sobre o corpo. Logo ficou empapado de sangue. Desde que se mudara pensou que isso poderia acontecer, que uma hora algum imbecil se esborracharia no piso do seu apartamento. Ele fechou as duas portas que davam acesso para a área externa, pegou o Fabinho, seu filho de três anos, ligou a TV em um desenho e ficou ali, com ele, acariciando seus cabelos. Não ligou para a polícia e para os bombeiros, os vizinhos que fizessem isso, ao invés de ficarem de cochicho em suas sacadas. Logo a campainha começou a tocar, gente a bater. Não abriria, só para a polícia ou os bombeiros. Ele sabia quem estava embaixo do lençol, a Nani, do sétimo andar. Tinha uma filha pequena, da idade do Fabinho. Era simpática, até extrovertida. Morrer é tão natural quanto viver. Batem na porta, tocam a campainha.

Ele espia pelo olho mágico e grita: "Deem o fora, só vou abrir para os bombeiros, ou para a polícia, seus urubus."

E sentou ao lado do filho, no sofá, para assistir à Peppa Pig. Estavam gritando lá fora, ele aumentou o volume. Estava preocupado. Precisava tocar hoje, era DJ e as coisas não andavam fáceis. Foi um grande DJ de *trance*, no início dos anos 2000, tocando nas principais *raves*. Mas agora o *trance* estava morto, realmente na cova, então ele tocava *house* num bar às sextas-feiras, e de vez em quando pintava um extra, como hoje. Ele tocaria na festa de vinte anos da Spirit, uma festa itinerante temática, havia as edições *tecno, house, trance, drum'n'bass*, e hoje seria um grande dia, pois seriam oito DJs tocando, cada um por uma hora e com um estilo. A Spirit Mix prometia ser "a festa" e ele seria o representante do *trance*. O cachê daria para pagar três aluguéis, e já tinha combinado de deixar o Fabinho com a mãe. Estava tudo certo, ao menos até

Nani se estatelar na sua varanda. "Tomara que isso não me atrapalhe", pensou.

E já se vê na festa, mixando, enquanto todas aquelas pessoas estão suspensas, esperando o *drop*, as batidas, que ele misture uma música com a outra. É quando ninguém pensa ou espera nada, apenas existe, vibra. E ele se imagina um deus, pois controla todos esses corpos que tremelicam na pista. E os corpos sobem.

De rato
(*Missulena*)

Tirou a tampa da caixa e ela estava lá. Era mais feia do que pensara. "Diabo de aranha."
 Tinha que ser rápido, o vendedor foi claro: se deixar sair da caixa, ela pode fugir e sumir. Ele estendeu a mão e ela picou, naquele espaço macio, entre o polegar e o indicador. Doeu, muito. O vendedor foi displicente ao dizer que a picada em si não doía tanto. Agora era esperar, os calafrios e a ereção. E torcer para que depois os efeitos do soro fossem rápidos.

Saltadora
(*Evarcha culicivora*)

Ana descasca uma laranja no pátio da escola: o brilho luzidio da faca (um dos indicadores de um final de abril, aquela mistura de sol e frescor no sul do Brasil) atravessa a casca porosa. Veio o sangue, primeiro na faca, depois na casca e nos gomos, na mão. E enfim um pingo caiu no chão e esmagou uma minúscula formiga.

"Porcaria!", exclama.

Os garotos e garotas, que estão por perto, param suas atividades do intervalo (futebol, cartas Pokemon, pega--pega, bonecas, figurinhas) e, em uníssono, exclamam: "Ai, ai, ai!"

Ela sai, com a mão pingando, mas deixa no ar uma frase.

"Porcaria não é palavrão, não-não."

No caminho do pátio até a enfermaria, Ana, curvada, olha sua mão e chacoalha a cabeça. "Essas coisas só acontecem comigo!", pensa. Sempre tropeçava ou pegava a fila mais demorada ou derrubava a torrada com o requeijão para baixo. Mas azar mesmo teve a pobre formiga, privada da continuidade de sua existência enquanto levava um diminuto farelo de bolacha Negresco para sua família. "Logo hoje, que tenho avaliação", pensa, enquanto cruza o enorme pátio da escola. A grama era verde e irretocável, milimetricamente aparada, como você, caro leitor, nem em sonhos viu; os brinquedos sem arranhões e ainda brilhantes (pintados bimestralmente) e uma enorme praça arborizada com uma estátua de Jesus Cristo: sorrindo, de braços abertos, como se estivesse dizendo "vinde a mim as criancinhas porque delas é o Reino dos Céus". A típica realidade de um colégio cristão particular para filhos de ricaços com poucos princípios cristãos. As crianças correm, brincam, sorriem, e são observadas de longe pelas amas, as supervisoras de recreação, que estão ali para evitar que qualquer criança sofra *bullying*. Nenhum pai, nenhuma mãe, nenhum responsável quer pagar uma pequena fortuna para ver seus pequenos empurrados ou chamados de gordinho ou de feia ou de peidão ou de burro ou levar um tapa na rosca do ouvido ou levar um chute bem no meio do traseiro. Não-não. A rádio da escola toca uma música animada, em inglês, com uma pegada pop, mas a letra diz "perdoar é divino", algo não tão pop em 2019. Continua seu caminho, passo a passo, e é atravessada por aquela vontade de chorar, que de vez em quando todos nós sentimos quando nos achamos estúpidos ou fracassamos miseravelmente. "Será que foi fundo?" Passa por uma das amas e dá um sorriso forçado. Mas uma lágrima a trai e escorre diretamente à boca. Ah, o gosto de sal. As seis amas, entediadas, dão pequenos passos, tentam cobrir os cantos mais recônditos da escola, onde podem acontecer esses incidentes tão humanos, de abusos físicos ou psicológicos. Existem as câmeras, controladas por um especialista em segurança, trancado em uma sala no último andar. E ninguém tem acesso àquela sala, ao menos é o que dizem. Ele pode chamar alguma ama por rádio, caso veja algo diferente, ou apertar o botão vermelho. Sim, o especialista tem ao lado esquerdo das telas de vigilância o tão propalado botão vermelho. Se acionado, imediatamente chamará a polícia e avisará a empresa de segurança, que chegará em exatos quatro minutos, conforme testes. E tocará uma sirene de emergência, quando os professores e amas deverão fechar as grades de segurança, que foram instaladas em diversos pontos da escola. Tudo por solicitação da Associação de Pais e Professores, depois do atentado que matou dez estudantes em Suzano, no interior de São Paulo, e da aparição de armas na mão de estudantes em cidades pequenas de Santa Catarina. Catarinenses adoram armas, e nem só por isso são estúpidos. Tudo deve ser monitorado.

Ele vê Ana andando a passos apressados e volta o vídeo para saber o que aconteceu. Revê seis vezes, com zoom, a cena do corte da mão com a faca e a laranja, e não pode deixar de exclamar: "Tansa." Mas não vamos nos ater à já habitual indelicadeza masculina, e sim espiar um pouco mais aquelas inúmeras telas em que ele deve ficar de olho. E não é fácil, a escola foi construída no início do século passado, quando espaço não era problema, e o cristianismo era algo que aspirava à grandiosidade romana. A escola, portanto, tem escadas suntuosas, colunas grossas, e parece um mini-Vaticano. Ali tudo reluz e funciona, mas é uma ilusão, pois fora dali o país é um território regado a violência, corrupção e mau gosto, e cedo ou tarde os alunos descobrirão que passaram parte de suas vidas numa bolha.

Ana bufa. O corredor parece não ter fim. E lembra de uma das cenas mais tristes de sua adolescência, quando estudou neste mesmo colégio e percorreu aquele mesmo corredor pela última vez como aluna daquela instituição. Quando saiu do terceirão para a faculdade. O fim da inocência. Atravessou o corredor segurando o choro, no passado e no presente.

Por fim, agora, chega até a enfermaria, com meio sorrisos para alunos e ex-alunos que encontra, e sorrisos para professores e coordenadores. A enfermaria, por sorte, está vazia. Um verdadeiro milagre. Ao menos um.

Abre a porta da enfermaria, pronta para, como uma metralhadora de palavras, contar tudo que aconteceu, mas desiste. A cara da Dani, a enfermeira, de tédio (aquela que você percebe em um piscar de olhos) a demove. E toda a história fica na garganta. Por fim, as histórias têm os mesmos ciclos dos corpos: começam pequenas, titubeantes, sem muitos caminhos, e crescem, cheias de expectativas, querendo devorar o mundo, mas vão empalidecendo e param de respirar no ponto final. Algumas. Essa nem saiu da boca.

A enfermaria é pequena, talvez quatro por quatro metros, com duas camas hospitalares (daquelas de última geração), uma mesa, uma balança digital e dois armários: um guarda itens de primeiros socorros, para fazer e trocar curativos, e o outro os remédios controlados e receitados, que alguns alunos precisam tomar em horários específicos, e que a enfermeira é responsável por administrar, pois, afinal, crianças sempre têm alguma coisa para desafiar sua imunidade e a resistência psicológica dos pais: laringite, faringite, amigdalite e outras ites et cetera.

Ana mostra a mão, agora quase toda coberta de sangue. Abre e fecha rapidamente. E, por fim, mantém fechada. Dani está paralisada, olhando aquela mão, linda e vermelha.

"Dani! Foi fundo?"

A enfermeira continua olhando para a mão, mas não diz nada.

"E aí, foi fundo ou não? Está ardendo."
A enfermeira continua calada.
"Dani, estou falando contigo, poxa!"
Dani olha para o rosto de Ana, e volta para a mão: o sangue estava ali, viscoso. Sua reação foi rápida: com vontade. Segurou na parte traseira da cabeça de Ana e, com uma força certeira, puxou ao seu encontro, até que cada uma das partes carnudas externas que contornam a boca (superior e inferior) se encontraram. Algumas pessoas chamam isso de beijo. A boca de Dani se mexe, enquanto Ana está ali, paralisada, e só pensa em abaixar sua mão para não se sujar ou mesmo Dani. Em choque. Nunca beijou outra mulher. E Dani está ali, parafusando seus lábios nos dela. Sabe que é algo comum entre as mais jovens, essa nova geração desprendida e descolada. O mais perto que chegou de beijar uma mulher foi com Teresa, sua amiga de infância. E nem foi tão perto assim. Teresa hoje é uma-toda-poderosa-senhora-dos-negócios-que--olhava-para-ela-com-aquela-complacência tipo assim: "Tadinha, estudou pedagogia, uma pedaboba, uma babá avançada." Se abraçaram ao final de um happy hour, quando pegou uma carona com a amiga, e Teresa tentou beijá-la na despedida. Ainda no carro. Mas Ana fugiu. Da boca. De Teresa. Uma predadora, desde pequena. Teresa não perdoou a negativa, bloqueou no WhatsApp e no Instagram, o que equivale a um apagamento total nessa era de reprodutibilidade social.

O passado lembrando do passado, essas coisas que cabem na literatura e na memória humana. Mas Teresa não conseguira o que Dani conseguiu. Esfregar a língua na sua boca.

Dani solta Ana com um suspiro, aliviada. Um sorriso meio estranho, grato; mas sofrido. Aquele sorriso que há muito tempo não dava. Dani passou a adolescência inteira ouvindo que tinha um sorriso lindo. E talvez tivesse mesmo. Mas não eram seus dentes (nem eram tão brancos e os de baixo eram tortos) ou lábios (um tanto finos) que formavam esse tal sorriso lindo, mas sim a maneira que ela sorria, com vontade, inclinando a cabeça para trás, inclusiva. Exatamente entre um meio sorriso e uma gargalhada. Quando se tornou adulta, disseram que não era de bom-tom sorrir assim, que algumas pessoas não entenderiam. Parou de sorrir daquele jeito espontâneo e também pararam de dizer que ela tinha um sorriso lindo.

E, como se nada tivesse acontecido, Dani segura a mão de Ana, limpa, higieniza. E faz um curativo, tudo muito rápido e certeiro, sem pronunciar uma palavra. Ana continua chocada. E só consegue dizer:
"Não vai precisar de pontos?"
"Não."
"Mas foi fundo?!"
"Fique tranquila, foi superficial."

Ana odeia a palavra superficial. Vira e sai sem dizer obrigada ou valeu ou qualquer coisa, resmungando: "Foi superficial." A palavra superficial é, por assim dizer, superficial demais, não diz muita coisa. Não tem força alguma, e também não é facilmente associada a nada. É uma armadilha, não tem a força de uma palavra como "frascário", que não tem nada a ver com frascos, mas é um adjetivo para libertino, dissoluto.

E sai pelos corredores, com passos decididos. "Superficial. Me beija e sai com um superficial. Vaca. Eu tenho que aturar cada coisa. Eu teria feito Medicina, ou Direito, não fosse preguiçosa, não precisaria ter que aturar esse bando de crianças mimadas e mulherada louca. Teria conquistado algumas coisas, ao menos. A minha vida foi pautada pelas escolhas mais fáceis: deixei meus relacionamentos ruírem por preguiça, deixei as oportunidades de ascensão profissional para trás também. Vi a vida inteira passar no banco do caroneiro, olhando pelo vidro. Deve haver alguma dignidade nisso. Preciso me controlar, não posso ficar nervosa com isso. Tenho avaliação daqui a pouco. Não posso... Dane-se, não vou deixar barato."

Ana muda de direção, irá agora à sala da coordenação denunciar Dani por assédio moral, ou sexual, ou seja lá o que tenha sido aquilo. Está decidida. Chega de passar pano nas coisas, a onda agora é tolerância zero, com tudo, para tudo. A Irmã Dulce não vai gostar nada-nada dessa história, nem um pouco. Será rua para a Dani. Na certa.

E não tem como negar, ela pedirá as imagens, pois a enfermaria também tem câmeras. Mas, antes de contar, que tal voltar e confrontar Dani? E, depois sim, contar tudo para a Irmã Dulce, a conservadora das conservadoras.

Ana para no meio do corredor, bufa. Dá meia-volta e seus cabelos cacheados fazem um movimento suave, mas decidido, e chacoalham tal qual um pêndulo enquanto seus passos voltam para a enfermaria. "Maluca", diz o vigilante ao vê-la pela tela. E Ana continua: "Chega de engolir sapos, fora uma de suas promessas na virada do ano-novo."

"Será que ela me acha bonita? Mas qual o ponto de interesse dela? Meus lábios (qual deles)? Dane-se. Estou cansada desses jogos. Cansada mesmo."

Volta para enfermaria. E entra de supetão:

"Por que você me beijou?"

"Porque eu quis."

"Ah, é? E se eu quiser te dar um tapa na cara, agora, porque eu quero."

"Vou te dar outro tapa."

"Você acha justo?"

"Acho."

Ana não é de briga, uma pacifista que, pelo que consta, só se meteu em confusão uma vez na adolescência, e tomou uns chacoalhões pelos cabelos. Teoricamente, em uma briga entre Ana e Dani, a primeira teria vantagem se levássemos em conta apenas a envergadura e o peso. Ana tem um metro e setenta e cinco, uma boa altura, e Dani apenas um metro e sessenta. Se Ana soubesse lutar boxe, poderia manter a distância, dando *jabs*, esperando a hora para encaixar um bom direto ou um cruzado decente. Mas a segunda é forte, uma baixinha entroncada, acostumada a intempéries, e tem uma boa ficha corrida no quesito brigas. Lutou muito na escola, e depois para se formar em Enfermagem, e ainda mais para se livrar do hospital em que trabalhara, onde médicos e enfermeiros e pacientes velhos tentavam a todo instante enfiar os dedos ou paus molengas nela.

Ana dá um tapa na mesa e empurra uns livros e papéis para o chão.

"Vaca."

Saí pisando forte novamente para o corredor e praguejando.

"Quem ela pensa que é?!"

E vai esbarrando nas crianças que correm e se sentam nos corredores.

"Ei! Ei! Cuidado", grita uma das amas.

Ana faz que não escuta e vai para a sala de aula, sua sala. Seu território. A sala está vazia, os alunos estão no recreio, e depois irão diretamente para o ginásio, para a aula de educação física.

Ali estão as vinte e duas cadeiras de madeira maciça, já com algumas décadas de uso, mas sem um risco de caneta sequer. E também armários de madeira maciça. Senta em sua cadeira confortável, escreve com a caneta *touch* no iPad, em letras maiúsculas: Dani vacona.

As palavras também são projetadas na parede branca, seu quadro branco. Apaga rapidamente e dá uma olhada na sala. Precisa se concentrar, esquecer a Dani e se concentrar na avaliação.

Olha para a sala, uma bagunça geral: ao lado das carteiras, mochilas abertas, com material para fora, como se elas tivessem vomitado. Em cima das carteiras estão livros, cadernetas, réguas, penais, um universo colorido e cheio de personagens da Disney, DC, Marvel e Pixar. A infância é mesmo um parque de diversões do consumismo, um território fértil para os picaretas da propaganda. Ela ajeita sua mesa, abre sua pasta, separa a ficha do garoto: Diego Augusto Heiner. Daqui a pouco a mãe dele chegará, conversarão uns vinte minutos, depois mais vinte minutos com outra mãe e pronto, é o que tem de chato para hoje. Odeia quando tem que trocar impressões sobre o aprendizado com os pais. É sempre chato. E sua mão dói, e não gosta do Diego, muito menos da mãe dele, e a Dani havia lhe beijado e estava possessa e poderia esmagar algum pescoço se houvesse algum naquela sala. Talvez o pescoço do próprio Diego. O garoto está sempre com um sorriso tolo estampado nos lábios, é feliz demais. Ou bobo demais. E isso atrapalha a aula e o humor dela, sempre. E às vezes é indisciplinado, principalmente quando ela chama sua atenção. Ele não gosta. Dá piti. É mais um menino mimado como tantos outros, talvez com um pouco de transtorno opositor, mas não falaria nada disso. "Ensinar não é transferir conhecimento, mas criar as possibilidades para a sua própria produção ou a sua construção", já dizia Paulo Freire (foi a frase que mais ouviu em sua graduação). E, embora concorde com ela, tem raiva, pois é difícil demais criar possibilidades para vinte crianças mimadas e riquinhas. Ela é a professora, está ali para criar possibilidades pedagógicas, e não ventilar diagnósticos, ainda mais para aquela mãe, o clássico caso de médica-nariz--empinado-toda-siliconada-e-botoxzada-que-se-achava--a-miss-do-colégio. Mas voltemos ao Diego. Se interessa por matemática e língua portuguesa, mas desdenha das aulas de ciências, por exemplo.

Um dia chegou a dizer: "Isso não me interessa." Ela engole seco, com vontade de pegá-lo pelos cabelos e dizer: "A vaca da sua mãe é médica graças às ciências, pentelhão!" O conteúdo do terceiro ano do ensino fundamental de ciências tem coisas muito interessantes, como doenças transmitidas pela água, componentes do solo, a relação entre o solo e as doenças, formações rochosas, fósseis, cavernas e o diabo a quatro.

Ana está ali, pensando o quanto é interessante o caminho da água, do manancial à cidade, quando sente um cheiro de perfume caro. E escuta a voz de Flávia.

"Ana?"

Flávia está na porta. A voz dela chega logo depois do cheiro de seu perfume, claro. Todos os pais a chamam de professora, mas não Flávia. Folgada. Tudo bem que tiveram uma mínima intimidade no passado, já que estudaram três anos juntas, ali mesmo. Mas nunca foram grandes amigas, não mesmo. Nem mesmo colegas. Flávia era do pelotão das muito ricas, a primeira divisão. Seu pai fez fortuna na advocacia, intimidando os ainda titubeantes sindicatos, para as grandes empresas da região, e sua casa tinha três piscinas: para adultos, para jovens e para as crianças. E um jardim que imitava o do Château de Villandry, e até havia aparecido numa revista, segundo me falaram. "Ela nunca me convidou para sua casa. Essa era a linha divisória: se me tivesse chamado alguma vez para sua casa, até poderia me chamar de colega. Mas não."

Ana era da terceira divisão naquela época, não fazia parte dos novos-ricos, a primeira divisão, que fizeram dinheiro na indústria (e os parasitas que vieram juntos, como o pai de Flávia) e tinham dinheiro vivo, muito. A segunda divisão, os ex-ricaços que tinham prestígio ou sobrenome; e, por fim, a terceira divisão, da qual ela fazia parte, que era de comerciantes que sonhavam com a riqueza e se esfolavam para pagar o colégio mais caro da cidade. As coisas não mudaram muito desde aquela época. Flávia era respeitada. Claro. Não por ser uma boa médica. Mas por sua capacidade de fazer dinheiro.

"Oi, Ana, tudo bom? Quanto tempo!"

"Tudo ótimo, como vai a dermato mais disputada da cidade?"

"Muito trabalho, como sempre."

"Que bom, né."

"Sim."

"Sente, por favor."

Coloca sua bolsa Hermès em cima da mesa e senta com graça e leveza, numa cruzada de pernas classuda. A desgraçada tem pedigree.

Flávia só vem nas avaliações, pois quem trazia seu filho para a escola é uma de suas empregadas, e quem pega é a avó. Mas, nas avaliações, sempre vem, pois teme que digam aquele dueto de palavras devastador: "Mãe ausente."

A voz de Flávia está diferente, mais pastosa e suave, e Ana se diverte com a possibilidade de existir um botox para a voz.

Ficam frente a frente. Com sorrisos congelados. Embora sejam quase da mesma idade, Flávia tem um corpo esculpido de academia e a pele viscosa por causa dos cremes caros e da maquiagem eficiente. É uma loira natural, que usa o corte chanel de bico, que fica muito bem com seus olhos verdes. Mas Ana acha graça da sobrancelha definitiva e o excesso de cirurgias plásticas, que criam uma impressão de alguém de cinquenta e poucos anos aparentando quarenta e poucos, idade real de Flávia.

Pois é. Ana não esconde suas rugas, e seus cabelos cacheados são cortados em camadas, e sua idade real é a idade aparente: 42 anos. De certa forma, bem-conservada, pois não teve filhos, e sempre uma vida regular, sem excessos: raramente bebe, não fuma, teve aulas de pilates por alguns anos e nenhum marido para lhe ampliar as rugas. Tudo normal.

"Ana, e como vão as coisas? Diguinho está dando muito trabalho?"

"Não. Ele é aplicado, adora matemática."

"Que bom..."

"Antes da gente começar, eu queria saber como é o Diego em casa..." Ana foi direta, não estava a fim de quebrar o gelo, não. Abriu seu caderno de anotações e pegou uma folha onde estava o perfil escolar de Diego.

"Claro... Bom..."

"Sim..."

"Então, sinceramente, não tem sido fácil, Ana."

E desabafa. Fala dez minutos sem parar. Num misto de culpa e arrependimento, mas também de esperança. Está tendo dificuldades com a educação do menino, que é superimediatista e quer tudo do jeito dele. Talvez seja uma consequência da internet, pois os garotos têm os filmes, jogos e músicas a hora que querem, com poucos cliques, e na vida não é simples assim. Também fala de como ele não gosta de ser contrariado, e como sempre responde ou tenta enfrentá-la.

"Ele tem oito anos e já é assim, imagina na adolescência...", diz Flávia, exasperada.

Ana amolece, tenta confortá-la, fala que isso é comum nos dias de hoje, que não deve se culpar por trabalhar demais — e realmente Ana está compadecida com a fragilidade da quase colega. Mas se Flávia se permite desabafar com Ana é porque certamente Ana não significa nada para ela. Como uma confissão a um estranho.

E Ana fala das qualidades de Diego, principalmente na matemática, e como precisa melhorar em ciências e também respeitar um pouco mais a professora.

Ana vai acalmando Flávia com um discurso de tolerância (que defende a unidade na diversidade), herdado de um dos seus livros de pedagogia. Quando Flávia se acalma, estende as mãos, em cima da mesa, e Ana estende as suas. Ficam de mãos dadas por poucos segundos, olhos nos olhos, quando o tempo para (tal qual acontece quando as pessoas morrem ou pensam que vão morrer e passa um filme diante dos olhos). E ambas se lembram dos seus tempos no colégio, e são invadidas por uma profusão de cheiros, sabores e cores de uma época distante, de anos atrás. O colégio era o mesmo, mas os sonhos e esperanças e desejos, não. Só então Flávia percebe que Ana está com um curativo. Distraída? Ou precavida?

"O que houve com a sua mão?"

"Me cortei, com uma faca, mas não foi nada."

"É mesmo?! Posso dar uma olhada, se você quiser..."

"Não precisa, imagina..."

"Não será trabalho algum..."

"Sério?"

"Sim."

Flávia segura a mão de Ana, que fica sem reação. Em poucos segundos, ela desmonta o curativo e a ferida está ali. Um filete de sangue escorre, sóbrio e vagaroso, e cai em cima da mesa. Flávia parece hipnotizada pelo sangue.

"Está tudo bem, Flávia?"

"Hmmm..."

"Flávia?"

Algumas horas depois, já na calma de seu apartamento, sentada em frente à televisão desligada (algo incomum), a professora tenta ordenar o caos dos acontecimentos da tarde. Normalmente, neste horário ela já estaria só de calcinha e camiseta, esparramada no sofá, vendo alguma novela.

Mas agora contempla sua imagem refletida na TV, emendando um suspiro de desolação no outro. E pensando na cena mais incomum: que viera depois do que acontecera com a Dani.

Flávia, há algumas horas, passara sua mão sobre o filete de sangue ("ao invés de me higienizar, veio com sua mão cheia de bactérias sobre a minha", diria Ana para sua melhor amiga, se tivesse uma), levantou da cadeira e inclinou-se para a frente, dando um suave, delicado e lento beijo em Ana. Como se fosse um selinho, mas em câmara lenta, e Ana sentiu a maciez do bocão enorme de Flávia, resultado de uma plástica de aumento labial. O selinho demorou uns quinze segundos, e depois Flávia se afastou lentamente, olhando nos olhos de Ana. "Como eram verdes! De um verde quase transparente!" Que coisa mais simplificadora, olhos. Falamos ou escrevemos olhos e esquecemos de tudo que os forma ou engloba: Cílios, Membrana Conjuntiva, Córnea, Coroide, Corpo Ciliar, Cristalino, Esclera, Fóvea Central, Humor Aquoso, Humor Vítreo, Íris, Mácula Lútea, Músculos Ciliares, Músculos Extrínsecos, Nervo Óptico, Pálpebras, Pupila e Retina. É como falar a palavra vida, que simplifica uma existência, mas não expõe de maneira alguma a experiência que é viver. Ana liga a televisão para tentar se distrair e esquecer tudo aquilo que acontecera durante a tarde, e que não compreendia. O canal que aparece é a GloboNews, com uma chorumelada econômica: mercado, investimentos, previdência. Ana não se lembra de ter assistido à GloboNews ultimamente, mas pode ser que tenha assistido há alguns dias, pois era seu canal predileto para assistir a tragédias como furacões em lugares longínquos ou enchentes/deslizamentos/tiroteios. Começa a mudar de canal rapidamente, mas nada parece interessante. Até que vê um olho, em close, verde como o de Flávia. É no Canal Arte 1, onde às vezes assiste a documentários sobre pintores famosos ou a Filarmônica de Munique interpretando Strauss, Shchedrin ou Beethoven. Do olho verde há uma fusão para uma barriga de grávida. É um documentário sobre o filósofo alemão Peter Sloterdijk e sua trilogia *Esferas*. Ela não entende muita coisa do que ali é dito, mas acompanha as imagens com interesse. O planeta, a bola rolando, o bigodão do filósofo. Ela pega alguma coisa no ar, algo como sermos gestados numa esfera, o útero materno, e vivermos numa esfera, o globo, e construirmos nossas relações íntimas como esferas e...

"O olho verde de Flávia, uma esfera." E desliga a televisão.

E a cena retorna, ainda mais vívida.

Flávia senta na cadeira, suspira. Em silêncio, abre sua bolsa, tira um pequeno antisséptico em spray, dá algumas borrifadas com o spray. Procura mais alguma coisa na bolsa e acha. É um adesivo tecidual, grande, que aplica sobre o corte.

"Foi um belo corte, hein?!"

Ana não consegue dizer nada. Está ainda mais chocada do que com o beijo da Dani. Sua respiração é um murmulho; não sabe o que fazer, o que pensar.

"Obrigada", diz Flávia, que segura as duas mãos de Ana. "Obrigada mesmo, vou conversar com o Dieguinho." Ela larga as mãos de Ana, se levanta, ciente de sua sensualidade (como só as mulheres sabem fazer) e sai rapidamente da sala, deixando ainda o rastro de seu perfume.

Ana fica ali, alguns minutos, absolutamente incrédula. A Flávia a beijou e, como se não fosse nada, trocou seu curativo e se mandou? O que estava acontecendo com o mundo? Com as pessoas? Estão todos ficando loucos e beijoqueiros? Culpa dos agrotóxicos? Do aquecimento global? Dos hormônios da proteína animal? Da poluição? Algo não está certo, não mesmo. A ordem natural do universo não estava correta. Lembra de um filme que vira na infância, o Super-Homem, o primeiro da série, com o Christopher Reeve. A Lois Lane morre, soterrada, e ele então muda a rotação da Terra, fazendo-a girar ao contrário, e assim voltando no tempo, para poder salvar a amada. Ana era uma garotinha quando viu o filme, e pensou: "Então isso que é o amor?" Alguém estava mudando a rotação da Terra e alterando a ordem natural das coisas. Refém de uma espécie de aplasia sentimental, Ana tivera poucos namorados, e nunca fora de pegação, e talvez tivesse beijado dez pessoas diferentes em toda a sua vida, e isso contando Dani e Flávia. Sempre achou que o beijo fosse algo íntimo demais, uma troca de fluidos para a qual deveria haver confiança. Mas talvez estivesse errada. Como sempre. Deveria ter beijado mais. Muito mais. Ter feito muito mais de sua vida. A vida é feita de experiências, e Ana adiara muitas delas. Os quarenta de hoje são os novos trinta, e o que Ana faz de suas noites? Televisão. E o que faz do seu fim de semana? Televisão. Vivendo outras vidas que não a sua. E ficou triste ao constatar isso. Sua vida era preenchida por programas de televisão. E numa tarde qualquer fora beijada duas vezes. Como? Por quê? Por que hoje? E uma estranha teoria começou a ganhar forma: sangue. Seu sangue. Fora beijada quando estava sangrando. Seria ela irresistível sangrando? Um ímã? Uma-deusa-uma-louca-uma-feiticeira?

Mas, peraí, ela não causava nenhum furor quando estava menstruada, por exemplo, quando também sangrava... Ah, mas o fluxo menstrual não era sangue puro, havia também o tecido uterino.

Tentou recapitular em sua vida: e não se lembrava de nada parecido, nas décadas passadas, se bem que se machucava muito pouco, uns ralados e nada mais. Sangue mesmo, de escorrer, não lembrava. Olha para a mão. "Você? Será?" E pensa em tirar novamente e abrir seu corte, ver o sangue, ver o que acontece. O teste definitivo. Ou ela é uma presa? Tinha visto recentemente uma postagem sobre uma aranha-saltadora do leste da África, conhecida como aranha vampira. A espécie preferia se alimentar dos mosquitos Anopheles fêmeas, mas apenas espécimes que tinham se alimentado recentemente do sangue de mamíferos e outros vertebrados. Ou seja, só caçava as gordinhas, com a pança cheia de sangue. As pesquisas descobriram que o sangue era afrodisíaco para essas aranhas. Será? Mas Ana não era um mosquito, e não havia dessas aranhas no continente.

Ana resolve testar. Tira o primeiro esparadrapo e depois o segundo, convicta. O curativo cai no tapete da sala. Arranca o adesivo epitelial com dificuldade. A ferida está ali, coberta por sangue seco. Ana pressiona a ferida, com os dedos em pinça, e brota um filete de sangue. Ela passa o dedo e cheira. Cheiro de sangue. Aperta mais um pouco, sai mais sangue. Ela lambe. Gosto de sangue.

Um estrondo: a campainha. Alguém tocou a campainha. "Mas que diabos!"

Ana aperta com força sua mão e vai para a porta, com a mão pingando. Distingue um vulto pelo olho mágico. Sorri.

Lince americana
(*Peucetia viridans*)

Ela escutava a música *Free Fallin'*, do Tom Petty, aquela do filme Jerry Maguire. Dirigia vagarosamente. O som estava baixo, ainda era muito cedo. Cantava entusiasmada, bem baixinho e, embora não entendesse a letra, acreditava que fosse algo que tivesse a ver com virar o jogo, pois o filme era assim. O banco do passageiro estava ocupado com uma bacia cheia de carne. Ela ia devagar e jogava pedaços de carne aos cachorros que estavam nas casas e aos que apareciam latindo. Pela janela, com força e precisão. Estava de luva, por causa da estricnina. E cantava:

And I'm free, free fallin', yeah, I'm free, free fallin', free fallin', now I'm free fallin', now I'm, free fallin', now I'm free fallin'.

Do sulco
(*Larinioides cornutus*)

Os meninos jogam bola aqui na rua, despreocupados, como se não existissem pedófilos, psicopatas, ladrões de órgãos. Aliás, meninos não. Meninos e meninas, pois a Maria Carla, filha da Angélica, do 102, também joga. E é quem melhor joga, sabe driblar e chutar forte. Daqui do prédio eu vejo a inocência deles e lembro da minha. Mas faz tempo. Hoje sou a tiazona aposentada que faz geleias e vende no prédio, mas já fui enfermeira, e das boas. Por isso sei que não dá para deixar crianças na rua, não no Brasil.

Teia-dedo-de-luva
(*Atypus affinis*)

Encontrou o dado pendurado numa teia de aranha, no jardim de sua casa, na goiabeira. Quem teria jogado ou por que estava ali? Destruiu a teia e ficou com o dado. Foi a maneira que encontrou para não pensar nela, para tentar esquecê-la. Procurando a sequência possível — jogava o dado seis vezes e anotava as sequências: 326145 ou 126533, e assim por diante. Depois de centenas de combinações, pôde averiguar que a sequência que mais saía era a 641325, e ficou um longo tempo pensando se esses números poderiam lhe ajudar, ao menos a compreender seus atos e consequências, e o porquê do fim de seu relacionamento. 641325.

Cara-feliz ou nananana makakii
(*Theridion grallator*)

A imaginação masculina é previsível e, na maioria das vezes, ridícula. Alguns homens se masturbam pensando no contato dos pneus com o asfalto, e chegam a sentir o cheiro deles. Outros imaginam mulheres nuas em carros novos, com as partes íntimas se esfregando nos bancos, marchas e, pasmem, porta-luvas. Há também os que pensam em carros da BMW ou Mercedes conduzidos por louras escandinavas de calcinha e sutiã. João não se incluía em nenhuma dessas categorias, e nesse exato momento estava numa Mercedes GLS 580, mas não num idílio masturbatório, e sim com Marcela, sua chefe, que sempre dirigia com um meio sorriso no rosto. E não sabemos se ela está feliz por dirigir, por viver ou se está debochando de tudo, da vida, de deus ou do diabo ou de ambos. Ela dirige sua SUV importada com muito cuidado, não só pelo carro, mas é como se cortejasse a estrada, o carro da frente e o de trás, e até o ar que o carro cortava ao se movimentar. Leveza e gentileza no asfalto bruto. De vez em quando, tamborilava os dedos no volante, quando alguma música era mais animada. João, seu secretário, continuava quieto. Aprendeu cedo a falar somente quando necessário, ou solicitado, e só. Na gíria mais comum, é a pessoa que "sabe entrar e sabe sair" das conversas. O carro ainda tem cheiro de novo, e de couro, e isso conforta. Cheiro de carro novo é como o cheiro de mãe para um bebê. E João se imagina dirigindo uma máquina daquelas (mas andando mais rápido, e com mais agressividade). Ele sabe entrar e sair das conversas, mas é um babaca no trânsito, como quase todos os homens. Mesmo a música estando baixa, Marcela reduz todo o volume. João sabe que ela vai falar algo, pois esse é o ritual. Sem som, sem música, só a sua voz.

"João, cancele, por favor, minha reunião das 14h com o Márcio, vamos dar uma canseira no velho matreiro. Ele está pedindo muito, vamos dar um gelo nele, e ver até onde vai. E já avise a Jandira, please."

Ele pega o iPad, que estava dentro do porta-luvas, acessa, desbloqueia e altera a agenda.

"Pronto, Sra. Marcela, já tirei da agenda. Vou avisar a Jandira, ela vai desmarcar já com ele."

Guarda o iPad e pega o celular. Por WhatsApp, começa a gravar uma mensagem de voz.

"Jandira, boa tarde, é o João, tudo bem? Estou com a Sra. Marcela aqui do lado..."

"Jandira, querida, boa tarde, escute o João", diz Marcela, rindo.

"... gentileza desmarcar a reunião com o Márcio, de hoje, às 14h. Está bem? Obrigado e até depois", continua João.

"Tchau, Jandira!", finaliza Marcela.

Ele guarda o celular e suspira satisfeito.

"Pronto."

"Hoje está um bom dia para dirigir, todos calmos. Na semana passada era época de pagamento, então estavam todos malucos. Eu não entendo isso, sabe? O dinheiro tem uma energia estranha."

João pensa "a senhora é calma porque tem dinheiro", mas diz:

"É, é sempre assim, Sra. Marcela, na época do pagamento, todo mundo fica insano mesmo."

Ele não acreditou que usou a palavra "insano", que seu sobrinho *youtuber* soltava a cada quinze minutos. E perdeu-se em devaneios, vendo seu reflexo no vidro e a paisagem externa.

Em alguns trechos, a rodovia é feia: parece uma longa e contínua construção. Tijolos. Betoneiras. Sacos de cimento. Tapumes e tapumes. De todo o tipo: madeira, metal e ecológico. Alguns já estão pichados, outros com grafites. Um deles chama a atenção:

"Assim estamos agora.
   Presos ao medo de aranhas."

E estava assinado por um irônico *Banque-se*.
João esboça um sorriso; contido, mas verdadeiro.
"Drogas, só pode ser."

"Quanta construção, né? Não sei, desconfio que Jurerê Internacional esteja com os dias contados, que a onda esteja passando, que irão procurar outros lugares. O que você acha?"
"Acho que não, Sra. Marcela, todo mundo que tem dinheiro está comprando e construindo ainda aqui."
"Esse é o problema, a hora que esse pessoal todo estiver aqui, a coisa vai se complicar. Por isso acho que agora é a hora de vender aqui, por exemplo, e comprar lá em Governador Celso Ramos, onde ainda há uma margem futura para custo-construção-benefício."
"Bom, de negócios, você entende muito melhor do que eu, Sra. Marcela, eu preciso aprender muito, comer muito feijão para chegar perto de onde a senhora chegou."
Novamente se sentiu um paspalho, com esse "Feijão com arroz" que brotou de sua boca. Sua mãe e sua avó usavam essa expressão, o que estava acontecendo?

"Sempre gentil, né, João? Vou te dar uma dica, para seus negócios, para a vida. O segredo é saber comprar, na hora certa, com o preço certo. E ter paciência. É o mesmo princípio de qualquer comércio, comprar bem, vender bem."

"Mesmo agora?"

"Principalmente agora. Agora é a nossa hora, das velhas raposas. O mercado imobiliário está em recessão, estão todos com uma pulga atrás da orelha, com as trapalhadas do novo governo, e com a vinda das eleições municipais. Agora é a hora de vender os terrenos que estão com preços estáveis, como este de que estamos indo fazer novas fotografias, e que o Lino quer comprar de mim há anos, e comprar em outros lugares, com possibilidades reais de valorização. Sacou? Comprei bem, venderei no topo do preço e comprarei outros dois ou três com o que conseguir desse. É uma bola de neve. Por isso é uma ótima hora para nós, as velhas raposas."

"A senhora é sempre otimista, eu admiro isso na senhora."

"João, querido, isso não é otimismo, é experiência, ficha corrida, apenas isso. O ramo imobiliário é um jogo, e quem começa jogando tem vantagens. Eu procuro sempre jogar antes. O ramo é cíclico, fica dez anos em alta e dez anos em baixa. O segredo está em saber comprar e vender em cada fase, como já disse."

Embora tenha dito "É verdade, não tinha pensado sob esse prisma", João odiava esse tom professoral de Marcela, e estava com o cenho franzido quando foi surpreendido.

"Você joga videogame?"

João olha incrédulo para Marcela, que se diverte com a surpresa do secretário.

"Eu. Bom... Jogo sim, claro."

"Pois então, eu também jogo, todo dia."

"Sério?"

"Você acha engraçado, é? Sou viciada, jogo todo dia, mesmo."

"Nunca imaginei que a senhora pudesse gostar de videogame."

"Porque sou velha?"

"Não, imagina Sra. Marcela..."

"Negra?"

"Não, minha nossa, desculpe se..."

"Estou pegando no teu pé, relaxe, estou me divertindo um pouco..."

"A senhora não gosta de videogame, então?"

"Claro que gosto, claro."

"Ah..."

"Mas eu jogo coisas leves, nada muito sério: LittleBigPlanet, Rayman, jogos Lego, Minecraft, essas coisas, jogos velhos e fáceis."

"Eu jogo Lego Movie com minha filhinha."

"É ótimo."

"Sim."

"Os jogos me distraem, é uma maneira de se desafiar, numa boa."

"É verdade."

"Não bebo, não fumo, não assisto a novelas, não trepo."

João se encolhe no banco e pensa: "Isso foi uma janela, uma abertura para um possível envolvimento sexual ou apenas um ataque de sinceridade?"

"Só jogo videogame. Meu prazer maior, ao lado de uma boa macarronada."

A frase seguinte diminui um pouco a tensão de João, que estava respirando pausadamente, controlando a entrada e saída de ar dos pulmões, em um movimento orquestrado. E começa a testar suas crenças: ela nunca havia falado nada de caráter tão pessoal antes, e sempre manteve uma distância segura. Ele não se imaginou com ela, nunca. Por mais que a posição financeira dela fosse sedutora, João não tinha o perfil de gigolô ou aproveitador, e muito menos ela de se aproveitar de sua posição. Embora precisasse do seu emprego mais do que nunca, pois sua filhinha acabara de entrar no balé, João estava pendendo para o outro lado da balança. Olha para os tapumes, e imagina pichado, com letras garrafais: Marcela Gomes e João Dias.

Mas logo se repreende mentalmente: "Homens sexualizam tudo, ela é só uma mãezona, só."

Os tapumes começam a rarear e as mansões começam a aparecer. Continuam em silêncio até que Marcela aponta com o dedo para um terreno no fim da rua. Estaciona próximo.

Caminham em silêncio pelo terreno. Ela para, bem no meio do terreno, olha para os casarões ao redor e diz, sorrindo:

"Quando eu comprei esse aqui, não tinha nenhuma, mas nenhuma dessas casas mesmo. Era possível ver o mar daqui."

"E em breve não restará nenhum terreno livre por aqui, né?"

"Sim, bem em breve. Sabe de uma coisa, eu vou sentir saudades desse terreno."

"É? Mas..."

"Sim, eu sei que eu vivo de comprar e vender e tal, mas esse aqui foi durante muito tempo meu amuleto da sorte. Me possibilitou correr riscos, pois eu sabia que eu tinha esse lugar seguro, e não só financeiramente. Até cogitei em morar aqui."

"Sério?"

"Sim."

"E porque não então?"

"Bem, você sabe, não dá para ter tudo na vida, então segue o baile: vender e comprar, comprar e vender, sem remorsos. Certamente virá algo melhor ainda para mim."

João chacoalha a cabeça afirmativamente, não sabe o que dizer, então fica quieto.

"Sabe, João, não tem aquela frase de que a vida imita a arte? Pois bem, a vida imita os videogames também. Você perde muito até ganhar."

João sorri, não muito convencido pela frase de almanaque. "Perder até ganhar." Ele sabia que ela havia ralado muito, que trabalhara como nunca nos últimos trinta anos. Era a caçula, foi quem cuidou da mãe doente, até a morte, quem pagou os estudos dos filhos, e quem soube largar o marido alcoólatra na hora certa, antes ainda de começar no ramo imobiliário. O marido bebia. Batia nela e nas crianças. Ela veio de baixo, do nada, e hoje comandava uma das melhores imobiliárias do estado, a sua MG Imóveis. Começou no início dos anos 1980, de bicicleta, no acesso de Canasvieiras, esperando os argentinos chegarem, com uma placa de "alquiler de departamento". Soube aproveitar a onda Canasvieiras, assim como a de Jurerê e de Jurerê Internacional. Era uma das mais conceituadas empresárias do ramo imobiliário de Florianópolis, e soube diariamente o significado da palavra racismo, e usou sua raiva e impotência como combustível, por muitos anos.

Passearam pelo terreno, e João bateu fotos. A grama estava curta ainda, como a de todos os terrenos dela, sempre aparados pelo Seu Marcos, que era o "gerente físico" dos terrenos. Era uma área de esquina, de 1.600 metros quadrados, a uma quadra da praia. Caberia uma mansão ou um bom comércio ali. Marcela não sabia o que Lino tinha em mente, pois ele ligava a cada seis meses e perguntava: "Já não está na hora de vender seu terreno para mim"? Ela desconversava. Gostava de dar as cartas, venderia quando fosse a hora, a sua hora.

Marcela sabia pela boca de alguns vizinhos que Lino de vez em quando passeava pelo terreno e urinava nele. É uma lenda manezinha, de que, se você quer um terreno, precisa marcar território.

"O Lino vai cair como um pato na minha arapuca, vai pagar meu preço."

"Isso aí, Sra. Marcela."

Ela sorri. E dá um tapinha nas costas de João, leve mas com alguma força.

"Quer voltar dirigindo?

"Como?"

"Quer voltar dirigindo?

"Eu?"

"Claro, tem mais alguém aqui além de nós?"

"É, mas acho que não, eu nunca dirigi um carro automático e..."

"Deixa disso, é mais fácil do que ficar trocando marchas..."

Marcela joga a chave e João pega no ar, como numa propaganda de automóveis.

"Minha vez de relaxar e voltar viajando."

Disse "Então beleza...", mas pensou "A senhora que manda".

João dirige com cuidado, devagar, o carro não é seu, está inseguro, é tudo lindo, o painel, o volante. O banco é mais confortável que sua cama. Parece que está dirigindo uma nave espacial. Ele tem um Renault Kwid, aquele da propaganda da Caverna do Dragão, e tudo é apertado e duro. Mas o GLS 580 desliza no asfalto, como se fosse um barco a vela, e sem barulho algum. Marcela está cochilando. E João se imagina o dono do carro, e ao seu lado está uma linda morena. Pois, se ele pode se imaginar dono daquele carro, pode também redesenhar toda a sua realidade. Uma morena alta. E peituda. E nada de filhos, nem mesmo sua linda filha no banco de trás. Sem filha, nada de filha.

Ele começa lentamente a aumentar o volume da música, e a dirigir mais rápido. A música se torna alta, Marcela acorda e vê João com uma feição de satisfação, mas também de arrogância. Marcela vai reclamar do volume do rádio, mas antes mesmo de ela abrir a boca João aumenta ainda mais o volume.

Babuíno comum
(*Harpactira sp*)

A minha rua é pequena e sem saída. Moro quase no final dela e a câmera de segurança só chega na metade. Eu acompanho o movimento, pela câmera, no meu celular. Nos últimos dias, um carro da Atlas Schindler tem passado com frequência ali. Mas minha rua não tem prédios e eu tenho uma esposa jovem e bonita. Estou indeciso entre ligar para a Atlas ou dar uma surra nela. Talvez faça as duas coisas.

Espinho
(*Micrathena schreibersi*)

Ela tinha voz de criança. Já chegou aos quarenta, mas mantinha aquela voz de quase-menina. Casada e fidelíssima, provocava o desejo de todos os amigos do casal, que se masturbavam e a imaginavam gemendo, com sua vozinha doce, para depois do gozo se sentirem um tanto pedófilos.

Lançadora de rede
(*Deinopis longipes*)

A Diná era a pegadora da escola, pegava as mina mais bonita e nóis ficava chupando o dedo. Sapata do caralho. Semana passada nóis resolveu, no final da aula. Avisamo ela que era pra pará de passá u rodo nas mina. Ela reinou e quis se fazê de machinho. O Digo deu com o skate nas fuça dela e foi expulso. A cola-velcro do caralho levou uma caraiada de ponto. E saiu da escola, foi pra outro colégio. E agora as coisa vai normalizá.

Golias-comedora-de-pássaros
(*Theraphosa blondi*)

Para Pablo Katchadjian

Quando, certa manhã, Gregor Samsa acordou de sonhos inquietos, encontrou-se em sua cama metamorfoseado num aracnídeo monstruoso. Suas oito pernas, lastimavelmente finas em comparação com o volume do resto do corpo, tremulavam desamparadas diante dos seus olhos.
"O que aconteceu comigo?", pensou.
Não era um sonho. Seu quarto, um autêntico quarto humano, só que um pouco pequeno demais, permanecia calmo entre as quatro paredes bem conhecidas. Sobre a mesa, na qual se espalhava, desempacotado, um mostruário de tecidos (Samsa era caixeiro-viajante), pendia a imagem que ele havia recortado fazia pouco tempo de uma revista

ilustrada e colocado numa bela moldura dourada. Representava uma dama de chapéu de pele e boá de pele que, sentada em posição ereta, erguia ao encontro do espectador um pesado regalo também de pele, no qual desaparecia todo o seu antebraço.

O olhar de Gregor dirigiu-se então para a janela, e o tempo turvo (ouviam-se gotas de chuva batendo no zinco do parapeito) deixou-o inteiramente melancólico.

"Que tal se eu continuasse dormindo mais um pouco e esquecesse todas essas tolices?", pensou, mas isso era completamente irrealizável, pois estava habituado a dormir do lado direito, e no seu estado atual não conseguia se colocar nessa posição. E tinha outra questão: aranhas dormiam? Não sabia.

"Ah, meu Deus!", pensou. "Que profissão cansativa eu escolhi." "Entra dia, sai dia, viajando. A excitação comercial é muito maior que na própria sede da firma e além disso me é imposta essa canseira de viajar, a preocupação com a troca de trens, as refeições irregulares e ruins, um convívio humano que muda sempre, jamais perdura, nunca se torna caloroso. O diabo que carregue tudo isso! Acordar cedo assim deixa a pessoa completamente embotada. O ser humano precisa ter o seu sono. Outros caixeiros-viajantes vivem como mulheres de harém. Por exemplo, quando volto no meio da tarde ao hotel para transcrever as encomendas obtidas, esses senhores ainda estão sentados para o café da manhã. Tentasse eu fazer isso com o chefe que tenho: voaria no ato para a rua. Aliás, quem sabe não seria muito bom para mim? Se não me contivesse, por causa dos meus pais, teria pedido demissão há muito tempo; teria me postado diante do chefe e dito o que penso: ele iria cair da sua banca! Também, é estranho o modo como toma assento nela e fala de cima para baixo com o funcionário (que além do mais precisa se aproximar bastante por causa da surdez do chefe). Bem, ainda não renunciei por completo à esperança: assim que juntar o dinheiro para lhe pagar a dívida dos meus pais (deve demorar ainda de cinco a seis anos), vou fazer isso sem falta. Chegará então a vez da grande ruptura. Por enquanto, porém, tenho de me levantar, pois meu trem parte às cinco."

E olhou para o despertador que fazia tique-taque sobre o armário.

"Pai do céu!", pensou. Eram seis e meia e os ponteiros avançavam, passava até da meia hora, já se aproximava de um quarto. Será que o despertador não havia tocado? Via-se da cama que ele estava ajustado certo para quatro horas: seguramente o alarme tinha soado. O próximo trem partia às sete horas; para alcançá-lo, precisaria se apressar como louco, o mostruário ainda não estava na mala e ele próprio não se sentia de modo algum particularmente disposto e ágil. E mesmo que pegasse o trem não podia evitar uma explosão do chefe, pois o contínuo da firma tinha aguardado junto ao trem das cinco e fazia muito tempo que havia comunicado sua falta. Era uma criatura do chefe, sem espinha dorsal nem discernimento. E se avisasse que estava doente? Mas isso seria extremamente penoso e suspeito, pois durante os cinco anos de serviço Gregor ainda não tinha ficado doente uma única vez. Certamente o chefe viria com o médico do seguro de saúde, censuraria os pais por causa do filho preguiçoso e cercearia todas as objeções apoiado no médico, para quem só existem pessoas inteiramente sadias, mas refratárias ao trabalho. Neste caso, estaria tão errado assim? Com efeito, abstraindo-se uma sonolência realmente supérflua depois do longo sono, Gregor sentia-se muito bem e estava até mesmo com uma fome especialmente forte.

Bateram cautelosamente na porta junto à cabeceira da sua cama.

"Gregor", era a mãe, "é um quarto para as sete. Você não precisa ir?"

Que voz suave! Gregor se assustou quando ouviu sua própria voz responder, era inconfundivelmente a voz antiga, mas nela se imiscuía, como se viesse de baixo, um pipilar irreprimível e doloroso, que só no primeiro momento mantinha literal a clareza das palavras (para destruí-las de tal forma quando acabavam de soar que a pessoa não sabia se havia escutado direito). Gregor quisera responder em minúcia e explicar tudo, mas nestas circunstâncias se limitou a dizer:

"Sim, sim, obrigado, mãe, já vou me levantar." Com certeza por causa da porta de madeira não se podia notar lá fora a alteração na voz de Gregor, pois a mãe se tranquilizou com essa explicação e se afastou arrastando os chinelos. Mas a breve conversa chamou a atenção dos outros membros da família para o fato de que Gregor, contrariando as expectativas, ainda estava em casa (e já o pai batia, fraco, mas com o punho, numa porta lateral).

"Gregor, Gregor, o que está acontecendo?"

E depois de um intervalo curto advertiu outra vez, com voz mais profunda:

"Gregor, Gregor!"

Na outra porta lateral, entretanto, a irmã lamuriava baixinho:

"Gregor? Você não está bem? Precisa de alguma coisa?"

Gregor respondeu para os dois lados:

"Já estou pronto." E através da pronúncia mais cuidadosa e da introdução de longas pausas entre as palavras se esforçou para retirar da sua voz tudo que chamasse atenção.

O pai também voltou ao seu café da manhã, mas a irmã sussurrou:

"Gregor, abra, eu suplico."

Gregor, entretanto, não pensava absolutamente em abrir, louvando a precaução, adotada nas viagens, de conservar as portas trancadas durante a noite, mesmo em casa.

Queria primeiro levantar-se, calmo e sem perturbação, vestir-se e sobretudo tomar o café da manhã, e só depois pensar no resto, pois percebia muito bem que, na cama, não chegaria, com as suas reflexões, a uma conclusão sensata. Lembrou-se de já ter sentido, várias vezes, alguma dor ligeira na cama, provocada talvez pela posição desajeitada de deitar, mas que depois, ao ficar em pé, mostrava ser pura imaginação, e estava ansioso para ver como iriam gradativamente se dissipar as imagens do dia de hoje. Não duvidava nem um pouco de que a alteração da voz não era outra coisa senão o prenúncio de um severo resfriado, moléstia profissional do caixeiro-viajante.

Afastar a coberta foi muito simples: precisou apenas se inflar um pouco e ela caiu sozinha. Mas daí em diante as coisas ficaram difíceis, em particular porque ele precisava gerir oito pernas. E elas faziam sem cessar os movimentos mais diversos, que, além disso, ele não podia dominar. Se queria dobrar uma, ela era a primeira a se estender; se finalmente conseguia realizar o que queria com essa perna, então todas as outras, nesse ínterim, trabalhavam na mais intensa e dolorosa agitação, como se estivessem soltas.

"Não fique inutilmente aí na cama", disse Gregor a si mesmo.

A princípio quis sair da cama rapidamente; e quando, afinal, quase frenético, reunindo todas as suas forças e sem respeitar nada, se atirou para um dos lados, bateu com violência na parede, pois tinha escolhido a direção errada.

Tentou, por isso, vagarosamente, andar para a frente e para trás, em cima da cama mesmo. Conseguiu-o com facilidade: a despeito da sua largura e do seu peso, a massa do corpo acompanhou devagar, finalmente, a virada da cabeça. Mas quando, por fim ele, a susteve fora da cama, em pleno ar, ficou com medo de avançar mais dessa maneira, pois, se enfim se deixasse cair, seria preciso acontecer um milagre para que não se ferisse. E precisamente agora não podia, por preço algum, perder a consciência; preferia permanecer na cama.

Entretanto, quando mais uma vez, depois de esforço igual, ficou deitado na mesma posição, suspirando, e viu de novo suas pernas lutarem umas contra as outras, possivelmente mais que antes, e não encontrou nenhuma possibilidade de imprimir calma e ordem àquele descontrole, disse novamente a si mesmo que era impossível continuar na cama e que o mais razoável seria sacrificar tudo, caso existisse a mínima esperança de com isso se livrar dela. Ao mesmo tempo, porém, não esqueceu de se lembrar, nos intervalos, de que decisões calmas, inclusive as mais calmas, são melhores que as desesperadas. Nesses instantes dirigia o olhar com a maior agudez possível à janela, mas infelizmente só era possível receber pouca confiança e estímulo da visão da névoa matutina que encobria até o outro lado da rua estreita.

"Sete horas já", disse a si mesmo, quando o despertador bateu outra vez.

E por um momento permaneceu tranquilamente deitado, com a respiração fraca, como se esperasse talvez do silêncio pleno o retorno das coisas ao seu estado real e natural.

Mas depois disse consigo mesmo:

"Antes de soar sete e um quarto preciso de qualquer modo ter deixado completamente a cama. Mesmo porque até então virá alguém da firma perguntar por mim, pois ela abre antes de sete horas."

E pôs-se a balançar o corpo, num ritmo perfeitamente uniforme. Ocorreu-lhe como seria simples se alguém viesse ajudá-lo. Duas pessoas fortes — pensou no pai e na empregada. Precisariam apenas enfiar os braços debaixo de seu tronco, levantá-lo e colocá-lo no chão. Apesar de toda a sua aflição, não pôde reprimir um sorriso a esse pensamento. Em cinco minutos seriam sete e quinze (quando soou a campainha na porta do apartamento).

"É alguém da firma", disse a si mesmo e quase gelou, enquanto suas pernas se ordenaram e ele pela primeira vez ficou numa posição que realmente parecia a correta, ao menos para uma aranha. Durante um momento ficou tudo silencioso.

"Eles não vão abrir", disse Gregor consigo mesmo, preso a alguma esperança absurda.

Mas aí a empregada, natural como sempre, caminhou com passos firmes até a porta e abriu. Gregor só precisou ouvir a primeira palavra de saudação do visitante para saber quem era: o gerente. Por que Gregor estava condenado a servir numa firma em que à mínima omissão se levantava logo a máxima suspeita? Será que todos os funcionários eram sem exceção vagabundos? Não havia, pois, entre eles nenhum homem leal e dedicado que, embora deixando de aproveitar algumas horas da manhã em prol da firma, tenha ficado louco de remorso e literalmente impossibilitado de abandonar a cama? Não bastava realmente mandar um aprendiz ir perguntar (se é que havia necessidade desse interrogatório)? Tinha de vir o próprio gerente, era preciso mostrar com isso à família inteira (inocente) que a investigação desse caso suspeito só podia ser confiada à razão do gerente? E mais por causa da excitação a que foi levado por essas reflexões do que em consequência de uma decisão de verdade, Gregor se atirou com toda a força para fora da cama. Um pulo.

Houve uma pancada alta, mas não propriamente um estrondo. A queda foi um pouco atenuada pelo tapete — daí o som surdo que não chamava tanta atenção. "Caiu alguma coisa lá dentro", disse o gerente no aposento vizinho à esquerda.

Gregor tentou imaginar se não podia acontecer também ao gerente algo semelhante ao que havia sucedido hoje com ele; de fato era necessário admitir essa possibilidade. Mas, como se fosse uma rude resposta a essa pergunta, o gerente deu alguns passos definidos no quarto contíguo, fazendo suas botas de verniz rangerem.

Do cômodo vizinho à direita, a irmã sussurrou para comunicar a Gregor:

"Gregor, o gerente está aí."

"Eu sei", disse Gregor a si mesmo, mas não ousou erguer a voz a um ponto que a irmã pudesse ouvi-lo.

"Gregor", falou então o pai, do aposento à esquerda, "o senhor gerente chegou e quer saber por que você não partiu no trem de hoje cedo. Não sabemos o que devemos dizer a ele. Aliás, ele também quer falar pessoalmente com você. Faça, portanto, o favor de abrir a porta. Ele terá a bondade de desculpar a desarrumação do quarto."

"Bom dia, senhor Samsa", bradou o gerente, num tom amigável.

"Ele não está bem", disse a mãe ao gerente quando o pai ainda falava junto à porta. "Ele não está bem, acredite em mim, senhor gerente. Senão como Gregor perderia um trem? Esse moço não tem outra coisa na cabeça a não ser a firma. Eu quase me irrito por ele nunca sair à noite; agora esteve oito dias na cidade, mas passou todas as noites em casa. Fica sentado à mesa conosco e lê em silêncio o jornal ou estuda horários de viagem. É uma distração para ele ocupar-se de trabalhos de carpintaria. Por exemplo, durante duas ou três noites entalhou uma pequena moldura; o senhor vai ficar admirado de ver como ela é bonita; está pendurada lá dentro do quarto; o senhor vai enxergá-la assim que ele abrir. Aliás, eu estou feliz, senhor gerente, pelo fato de o senhor estar aqui; sozinhos não iríamos conseguir que Gregor abrisse a porta; ele é tão teimoso; e certamente não está bem, embora tenha negado isso de manhã."

"Já vou", disse Gregor lenta e cautelosamente, e não se moveu para não perder uma palavra da conversa.

"De outro modo, cara senhora", disse o gerente, "também não sei como explicar isso. Esperemos que não seja nada grave. Embora por outro lado eu tenha de dizer que nós, homens do comércio, feliz ou infelizmente (como se quiser) precisamos muitas vezes, por considerações de ordem comercial, simplesmente superar um ligeiro mal-estar."

"Gregor, o senhor gerente pode, então, entrar no seu quarto?", perguntou o pai, impaciente, e bateu de novo na porta.

"Não", disse Gregor.

No cômodo vizinho da esquerda, sobreveio um silêncio penoso, e no aposento contíguo da direita a irmã começou a soluçar.

Por que a irmã não ia juntar-se aos demais? Certamente ela tinha acabado de se levantar da cama e ainda não havia começado a se vestir. Por que então chorava? Seria porque ele não se levantava e não deixava o gerente entrar, porque corria o perigo de perder o emprego e porque depois o chefe iria perseguir de novo os pais com as antigas exigências? Por enquanto, porém, essas preocupações eram desnecessárias. Gregor ainda estava aqui e não cogitava minimamente em abandonar sua família. É claro que, no momento, estava lá, no tapete, mas ninguém que conhecesse seu estado teria exigido seriamente dele que deixasse o gerente entrar.

Mas por causa dessa pequena descortesia, para a qual se encontraria mais tarde, afinal, uma desculpa adequada, Gregor não podia ser demitido na hora. E a ele parecia muito mais razoável que o deixassem em paz agora do que perturbá-lo com choro e exortações. No entanto, era justamente a incerteza que os afligia e desculpava o seu comportamento.

"Senhor Samsa", bradou então o gerente, elevando a voz, "o que está acontecendo?" E continuou: "Falo aqui em nome dos seus pais e do seu chefe e lhe peço com toda a seriedade uma explicação imediata e clara. Estou perplexo, estou perplexo. Acreditava conhecê-lo como um homem calmo e sensato e agora o senhor parece querer de repente começar a ostentar estranhos caprichos. O chefe me insinuou esta manhã uma possível explicação para as suas omissões (ela dizia respeito aos pagamentos à vista que recentemente lhe foram confiados), mas eu quase empenhei minha palavra de honra no sentido de que essa explicação não podia estar certa. Porém, vendo agora sua incompreensível obstinação, perco completamente a vontade de interceder o mínimo que seja pelo senhor. E o seu emprego não é de forma alguma o mais seguro. No começo eu tinha a intenção de lhe dizer tudo isso a sós, mas uma vez que o senhor me faz perder o meu tempo inutilmente aqui, não sei por que os senhores seus pais não devam ficar também sabendo. Nos últimos tempos, seu rendimento tem sido muito insatisfatório (de fato não é época de fazer negócios excepcionais, isso nós reconhecemos); mas época para não fazer negócio algum não existe, senhor Samsa, não pode existir."

"Mas, senhor gerente", exclamou Gregor fora de si, esquecendo tudo o mais na excitação, "eu abro já, num instante." E continuou: "Um ligeiro mal-estar, um acesso de tontura, impediram-me de me levantar. Ainda estou deitado na cama. Mas agora me sinto novamente bem-disposto. Já estou saindo da cama. Só um instantezinho de paciência! As coisas ainda não vão tão bem como eu pensava. Mas já estou bem. Como é que uma coisa assim pode acometer um homem? Ainda ontem à noite estava tudo bem comigo, meus pais sabem disso, ou melhor: já ontem à noite eu tive um pequeno prenúncio. Eles deveriam ter notado isso em mim. Por que não comuniquei à firma? Mas sempre se pensa que se vai superar a doença sem ficar em casa. Senhor gerente, poupe meus pais! Não há motivo para as censuras que agora o senhor me faz; também não me disseram uma palavra a esse respeito. Talvez o senhor não tenha lido os últimos pedidos que eu remeti. Aliás, ainda vou viajar com o trem das oito, as horas de repouso me fortaleceram. Não se detenha mais, senhor gerente; logo mais estarei pessoalmente na firma:

tenha a bondade de dizer isso e de apresentar minhas recomendações ao senhor chefe."

E enquanto Gregor expelia tudo às pressas, mal sabendo o que falava, aproximou-se do armário com facilidade (certamente em consequência da prática já adquirida na cama), para trocar de roupa, mas quando viu estava subindo no armário. Estava na vertical. Queria efetivamente abrir a porta, deixar-se ver e conversar com o gerente; estava curioso para saber o que diriam, ao vê-lo, os outros que agora exigiam tanto a sua presença. Se eles se assustassem, então Gregor não tinha mais nenhuma responsabilidade e podia sossegar. Mas se aceitassem tudo tranquilamente, então ele não tinha motivo para afligir-se e podia, caso se apressasse, estar de fato na estação ferroviária às oito horas.

"Entenderam uma única palavra?", perguntou o gerente aos pais, "será que ele não nos está fazendo de bobos?"

"Pelo amor de Deus!", exclamou a mãe já em lágrimas, "talvez ele esteja seriamente doente e nós o atormentamos. Grete! Grete!", gritou então.

"Mamãe?", bradou a irmã do outro lado.

Elas se comunicavam através do quarto de Gregor.

"Você precisa ir imediatamente ao médico. Gregor está doente. Vá correndo ao médico. Você ouviu Gregor falar, agora? Parecia um chiado, sei lá, um barulho horrível."

"Era uma voz de animal", disse o gerente, em voz sensivelmente mais baixa, comparada com os gritos da mãe.

"Ana, Ana!", chamou o pai, batendo as mãos, através da antessala para a cozinha, "Vá buscar já um serralheiro!"

E logo as duas moças atravessaram a antessala correndo, com um ruído de saias (como é que a irmã tinha se vestido tão depressa?), e escancararam a porta. Não se ouviu a porta bater de volta; sem dúvida deixaram-na aberta, como costuma acontecer nas casas em que aconteceu uma grande desgraça.

Gregor, porém, estava muito mais calmo. Certamente não entendiam mais suas palavras, embora para ele elas parecessem claras, mais claras que antes, talvez porque o ouvido havia se acostumado. De qualquer forma agora já se acreditava que as coisas com ele não estavam em perfeita ordem, e a disposição era de ajudá-lo. A confiança e a certeza com que foram tomadas as primeiras decisões lhe fizeram bem. Sentiu-se novamente incluído no círculo dos homens e passou a esperar do médico e do serralheiro (sem propriamente separá-los) desempenhos excepcionais e surpreendentes. A fim de ficar com a voz o mais clara possível para as conversações decisivas que se aproximavam, resolveu tossir um pouco, esforçando-se entretanto para fazer isso de um modo bem abafado, uma vez que até esse ruído possivelmente soava diferente de uma tosse humana, coisa que ele mesmo já não ousava decidir. Nesse meio tempo, fez-se completo silêncio no aposento ao lado. Talvez os pais estivessem sentados à mesa com o gerente e cochichassem, talvez estivessem todos curvados sobre a porta, escutando.

Ao forçar seu abdômen para tossir, a fiandeira, uma parte do seu corpo que fica no fim do abdômen, expeliu uma substância líquida que secou imediatamente em contato com o ar: um fio de seda. Resolveu parar de tentar tossir.

Gregor foi em direção à porta, e com suas quelíceras tentou pôr a chave em movimento. "Ouçam", disse o gerente no cômodo vizinho, "ele está girando a chave."

Para Gregor, isso foi um grande estímulo; mas todos deveriam encorajá-lo, inclusive o pai e a mãe. "Aí, Gregor!", deveriam clamar, "sempre em frente, firme na fechadura!" E imaginando que todos acompanhavam ansiosos os seus esforços, tentava com suas quelíceras mover a chave para o lado que destrancaria a porta. À medida que a chave ia girando, ele dançava em torno da fechadura. Clec. A porta abriu.

Entraram todos no quarto, de uma só vez. Sua mãe foi direto para a cama. Nada. Onde estaria Gregor? Não estava no quarto.

Foi o gerente que soltou um "oh" alto (soava como o vento que zune), no teto estava uma aranha assustadora, de um metro de diâmetro. E então todos viram Gregor e saíram gritando, desesperados. Gregor tentou dizer algo, mas saiu um esguicho terrível. Alguém meteu a mão e tirou a chave da porta, que estava pelo lado de dentro, e trancou a porta pelo lado de fora. Gregor não desistiu: gritou por uma hora ou mais por sua mãe, depois por seu pai e sua irmã. E agora estava no canto do quarto, triste. De vez em quando, alguém destrancava a porta e colocava meio corpo para dentro. Primeiro, um bombeiro. Depois, um policial. E, por fim, alguém do exército. "Ela comeu meu filho", escutava sua mãe gritar. E Gregor gritava de volta: "Sou eu, mãe, sou eu!" Por fim, a porta abriu e alguém jogou algo reluzente, parecido com uma maçã, no meio do quarto. Essa coisa começou a soltar uma fumaça verde e Gregor começou a ficar tonto e a se sentir fraco. Começou a se encolher, a recolher as pernas. E então parou de pensar.

Teia-de-funil
(*Atrax robustus*)

É fácil perceber o meu pai na minha personalidade, os seus erros querem se perpetuar em mim, a todo instante. Não bastasse me olhar no espelho, e ver seus olhos azuis e frios, agora passo o dia inteiro remoendo meus atos, vendo cada atitude que tomo como a manifestação da personalidade catastrófica de meu pai. Está tudo aqui, comigo, a autossabotagem, o pessimismo e o utilitarismo: nós. Eu não me arrisco mais a dizer eu. Vamos nos afundar, pai. Me aguarde no fundo do mar, que estou chegando.

Saltadora-de-manchas-pretas
(*Acragus sp*)

"Você se ajoelha um pouco, dobra os joelhos e solta o peso do machado. Mas precisa acertar no meio do tronco, entende? Se não resvala e aí você se ferra, pode machucar o ombro ou o pulso. É questão de postura, entende, e equilíbrio, e um pouco de força."

"Como na vida, né?"

"Não avacalhe. Nada de metáforas, ok? É a porra de um machado e um tronco e só, certo? Corpo e natureza. Tá?"

"Tá."

Voadora
(*Selenopidae*)

A festa do meu casamento foi um dos dias mais felizes da minha vida, e lembro que todas as pessoas presentes estavam também muito felizes. Meu casamento acabou faz dois anos, e continuo feliz, o que significa que o casamento em si não era o fator da minha felicidade naquele dia.

Fio-de-ouro
(*Nephila clavipes*)

Abre a porta e entra. Kadu, o motorista do Uber, se impressiona com a beleza de Lena, que usa um vestido curto, colado e bem decotado.
"Bom dia."
"Bom dia, tudo bem? Vai para o Beira Mar Palace, certo?"
"Sim."
"Quer uma balinha?"
"Não, obrigada."
"Dia lindo mesmo, né?"
"Maravilhoso. Pelo que vi na previsão, a semana toda será assim."

"Coisa boa, vai compensar a semana passada, que só choveu. Quase viramos sapo."

"Mas para vocês é bom quando chove, não é?"

"Sim e não. O povo pede mais Uber, óbvio, mas também o trânsito fica todo trancado."

"Verdade."

"Você é de Floripa?"

"Eu sou do mundo, meu querido", e dá uma gargalhada.

Ficam em silêncio o restante da viagem. Kadu pensa em perguntar em qual site ela se encontra ou se tem um cartão. Mas não tem coragem, certamente era uma daquelas de quinhentos reais. Quantas corridas teria que fazer para pagar esse montante? Cem? Mais. Não era para o bico dele, não, o negócio era ficar quieto, com sua patroa, numa boa, no seu lugar.

Ela assobia uma música alegre, que não tem nada a ver com a música que toca no rádio. O carro para bem na porta principal do hotel.

"Muito obrigado", diz Kadu.

"Foi no cartão, certo?" Ela pergunta, ela sabe, mas sempre pergunta, por educação e por confiança.

"Sim, no cartão. Obrigado e bom dia."

"Valeu, tchau!"

"Tchau!"

Lena sai, mas seu cheiro fica. Ele dá uma olhada na saída dela. Uma morena de parar o trânsito (mas que diabos, o vocabulário masculino se resume a quantas frases?), como dizem seus amigos. Dava para ver a marca da calcinha, e não era uma calcinha entalada, e sim uma rendada, daquelas que Kadu só viu em revistas. Ela entra no hotel e o motorista prageja:

"Merda."

Sabe que o prejuízo está chegando, pois vai ter que parar em algum posto para tocar uma punheta, ou não vai conseguir trabalhar. Não mesmo, depois desse cheiro, dessas imagens, da silhueta da calcinha.

"Porra ducaralho!"

Dá cinco estrelas para Lena e sai queimando pneus.

Lena passa por um mensageiro atrapalhado, que equilibra malas no carrinho. Os hóspedes que estão sentados no lobby param suas funções (leitura de jornais, joguinhos de celular e palavras cruzadas) para ver o desfile de Lena, que passa ao lado da recepção, sem olhar para os lados, e vai para o corredor, onde aguarda a chegada do elevador.

Antes de entrar no elevador, escuta um farfalhar de papel e uma voz esganiçada: um hóspede, claramente irritado, chacoalha uma fatura na frente de Sérgio, um dos três recepcionistas presentes na estação de trabalho, que presencia tudo passivamente.

"Olha, infelizmente eu não pedi isso, eu nem como salmão. Olha aqui, está aqui, salmão com molho de alcaparras."

O hóspede mostra a fatura do hotel.

"Eu odeio salmão, são criados em cativeiro, com antibióticos, corantes e o escambau, tenho alergia a salmão, só de pensar já começo a sentir coceiras pelo corpo."

Ele se coça e faz cara de nojo.

"E Pinot Noir nacional, meu deus, quem toma isso, jesus! Não solicitei nenhum tipo de serviço de quarto. Jantei no *Le Vin* ontem, aqui está o comprovante do cartão de débito, aqui, ó."

Entrega um papel para Sérgio.

"Ok, senhor, não se preocupe, resolverei já para o senhor. Pedimos desculpas pelo ocorrido."

"E tem mais, olhem nas câmeras de segurança, pronto, vão ver que não entregaram picirica nenhuma no meu quarto. É simples, pronto. Aliás, estou começando a me sentir ultrajado com essa palhaçada. Olhe o tempo que estou perdendo aqui, e o vexame. Chame o gerente, por favor. Já que me fizeram perder tempo, energia e o bom humor, quero que mais pessoas percam tempo, energia e o bom humor comigo."

"Não será preciso, senhor, eu dou baixa aqui. Sentimos imensamente a confusão. Confiamos no senhor. Nós sempre confiamos nos nossos hóspedes."

"Confiar não basta, meu caro, é preciso não incomodar, e isso me incomodou. Agora eu quero falar sobre isso com seu gerente ou superior. Eu sei que você não tem culpa, meu jovem, é apenas a ponta do iceberg de um sistema. Mas, veja bem, algo aconteceu aqui, não sei se é má-fé do hotel ou de alguém, então é preciso colocar em pratos limpos. Vocês não acharam que iria passar despercebido um valor desses, né? Minha conta é sempre alta, mas eu olho tudo, não jogo dinheiro fora, nunca. É por isso que o país está nesta baderna, ninguém tem apreço pelo dinheiro."

"Certo, o senhor tem razão, peço desculpas novamente pelo inconveniente. Chamarei nosso chefe de recepção, Douglas, que certamente dará toda a atenção necessária ao caso."

Sérgio pega o telefone.

"Douglas, você poderia dar um pulo aqui, por favor, é um código 5. Sim, no balcão. Certo, obrigado."

O velho Horácio, sentado, olha o relógio. Escuta o toque da campainha, levanta, com um gemido, abre a porta. Lena, na soleira da porta, sorri.

"Horácio?"

"Sim", diz envergonhado, "entre, não repare a bagunça."

O quarto estava impecável.

Douglas, polidamente, conversa com o hóspede encrenqueiro.

"Não se preocupe, isso nunca mais irá acontecer. Como compensação, daremos 10 mil pontos no seu cartão de fidelidade Sea. O que você acha da ideia?

"Olha, me parece justo."

Douglas e o hóspede se dão as mãos e o chefe de recepção abre o sistema de pontos, ali mesmo, no computador da recepção, e lança um olhar enviesado para Sérgio.

Quando o hóspede sai, satisfeito, Douglas chama Sérgio para sua sala.

"Chato. Isso mesmo. É um chato. Eu sei. Mas é um chato padrão", diz Douglas, irritado.

"Mas é que..."

"É que o quê? O código 5 é chato nível 5, não é? Já é barraco feio, dedo no cu e gritaria, cheguei lá pensando nisso, mas aquele zé ruela ali era um nível 9, não precisava ter me chamado. Tem que se virar, se por qualquer coisinha me chamarem, estou fodido, já não tenho pressão suficiente, poxa? Já pegou um nível 1, hein? Não, né, imagino que não, e pelo jeito nem um 6, 5, 4... Eu sei o que é isso, eu sei, já peguei de todos os tipos, então numa picuinha dessas peça ajuda a outro recepcionista, se preciso, mas não me chame por picuinhas. O Marcelo e o Jânio estavam ali, do seu lado, por que não falou com eles, ou então por que eles não se oferecem para ajudar? Vou pegar aqueles dois também..."

"Calma..."

"São eles, os chatos de toda espécie, de todo tipo, de todos os níveis, que têm dinheiro para se hospedar em nosso hotel. Então, temos que respeitar. Mas não me chame mais por um código 9, por favor. Se vire."

"Mas não tinha o que fazer, bicho."

"Bicho? Tu me chamou de bicho?"

"Ah, desculpe..."

"Tu acha que está onde, hein? Na tua casa, com os amigos? Tomando umas geladas? Fumando um? Eu já fui mensageiro, recepcionista e o escambau, e, acredite, você não gostaria de estar na minha pele. Ok? Com a gerência te tratando como um rato... Olha aqui, ó, olha..."

Douglas imita um rato, faz ruídos e levanta as mãos, como se fossem patinhas.

"É assim que eles me veem, um bicho, de verdade. E você com sua giriazinha riponga, não me venha com essa sua giriazinha besta aí, é assim que o setor de reservas e a gerência me veem, como um rato que tem livre acesso para andar para lá e para cá, entre os setores. Me deixam livre enquanto não deixo aparecer migalhas, enquanto sou um rato maior e respeitoso e evito a chegada de outros ratinhos neles. Mas eles querem mesmo é que eu me foda, querem mesmo é me ver preso na ratoeira, sem ar, com o rostinho esmagado. Você já viu um ratinho convulsionando numa ratoeira? Já sentiu o cheiro de um rato morto?"

Horácio, de cuecas, sentado na beira da cama, tem uma crise respiratória. Com a mão no peito, aponta para o banheiro.

"Em cima da pia, por favor..."

Lena, de calcinha e sutiã, corre para o banheiro e volta com a bombinha. O velho leva à boca e aperta a bombinha. Sai um jato. Conta até dez. Dá mais um jato e conta até dez. Começa a se acalmar. Larga a bombinha na cama.

"Está melhor? Precisa de mais alguma coisa? Água?"

"Um copo d'água é sempre bom."

Lena pega água no frigobar, serve num copo e lhe entrega. Ele toma, vagarosamente.

"Vou abrir as janelas, para entrar um ar..."

"Acho que eu não sirvo mais para essas coisas, viu..."

"Que nada, você está ótimo..."

"Ótimo para quê?"

Lena senta ao lado de Horácio e lhe faz um cafuné. Lhe dá um abraço.

"Gastei um Cialis à toa."

"Que nada, eu estou aqui, não estou?"

"Sim..."

"Podemos nos divertir de outras maneiras."

Lena guarda as notas de cem reais na carteira, se despede de Horácio com um abraço afetuoso e bate com a ponta do indicador no nariz dele, vagarosamente.

"Te cuida, querido, viu?"

"Sim, pode deixar."

"Precisou, me chama."

"Sim, Lena."

Ela faz um biquinho com os lábios, joga um beijinho para ele e vai em direção à porta.

"Lena?!"

"Sim?!"

"Me diz seu nome. Por favor."

Ela se volta para ele.

"É Lena."

"Não, o de verdade. Eu sei que esse não é seu nome, oras. Esse é o de guerra, certo? O de trabalho?"

"Por que você quer meu nome?"

"Sempre quis saber o nome, mas nenhuma delas me diz. Você me parece diferente. É só curiosidade."

"Certo. Não é Lena, mas Lena é parte dele."

"Madalena? Maria Madalena?"

"Quase."

"Mas então qual..."

"Na próxima vez que a gente se ver, te digo, ok?"

"Mas..."

Ela sai de maneira teatral. E ele fica lá, no meio do quarto, no meio do mundo, sozinho, consigo.

Lena pega o elevador, se retoca no espelho. Um senhor e um jovem entram, em andares diferentes, ambos tentam puxar conversa. O mais jovem e tolo quer falar do tempo. Quem diabos fala do tempo em um elevador? Ela dá apenas uns sorrisos amarelos, para ambos. E sai na frente dos dois, do elevador, já no térreo, deixando-os embasbacados.

Atravessa o saguão do hotel sem olhar para os lados. O recepcionista Sérgio aparece em sua frente. Ela se assusta.

"Olá, bom dia."

"Bom dia."

"Você está hospedada aqui?"

"Não."

"Então o que está fazendo aqui?"

"Visitando um amigo."

"Um amigo?"

"Sim."

"Que amigo?"

"O Horácio, do 512."

"Sei."

"Não pode?"

"Pode, claro."

"Então, não vi nenhuma placa de proibido visitar amigos."

"Eu imagino como você visita seus amigos."

"É?"

"Sim."

"Que bom."

"Vou ter que lançar mais uma taxa no apartamento de seu amigo."

"Isso é problema dele."

"Mesmo?"

"Sim."

"Muy amiga."

"Escuta aqui, seu almofadinha, eu não vou te dar comissão ou seja lá o que você quiser."

"Se acalma aí, amiguinha, senão vou chamar a polícia."

Ela levanta a mão e o dedo indicador. E deixa a alguns centímetros do rosto do recepcionista.

"Merda de dia", ele pensa, enquanto a vê deixar o hotel.

Lena volta para seu apartamento, no centro, e toma um banho demorado. Prova algumas roupas, bem mais contidas, e acaba optando por uma calça jeans confortável, uma camiseta de estampa colorida e sapatilhas. Também troca de bolsa, usando uma mais despojada. Prende os cabelos. Passa um perfume discreto e sai para a rua. Almoça no vegetariano da esquina, com um olho no prato e outro nos memes que chegam pelo WhatsApp: cachorros engraçados, pintos tortos ou bocetas gordas que parecem hambúrgueres. Volta para seu apartamento, escova os dentes e dá um cochilo de uns trinta minutos. Acorda com o despertador do celular: 13h45. Precisava ir, para seu compromisso vespertino de segundas, quartas e sextas.

Maria Helena Ramos nasceu no oeste catarinense, precisamente em Maravilha, a 614 quilômetros de Florianópolis. Filha de pequenos comerciantes, estudou em escolas públicas e teve um namorado só, dos catorze aos dezessete anos, o Taison, apelidado desde a escola como Cobrão. Certa vez, Taison capturou uma cobra d'água e colocou num vidro de conserva de pepino (daqueles grandes). Sua mãe lhe deu uma surra, pela ideia de jerico, e ele então resolveu soltar a cobra. Mas, por burrice ou ingenuidade, achou que a cobra agora era sua amiga: abriu a tampa do vidro de conserva e começou a chamar a cobra e a gesticular com as mãos, e ela ficou lá no fundo, encolhida, assustada. Mas ele resolveu ajudá-la, o pobre Taison. E por fim saiu gritando pelo jardim da sua casa com a cobra pendurada na mão esquerda. Tudo relativamente comum no interior do país, não fosse a presença de seu melhor amigo e maior fofoqueiro da escola, o Marquinhos. A gozação foi geral, e o apelido de "Cobrão, o adestrador de cobras", pegou.

Taison amava Maria Helena, que amava Taison, mas Maria Helena tinha um sonho, o de se tornar psicóloga, que alimentava desde a pré-adolescência, quando lia aqueles livros açucarados de amor, onde um homem e uma mulher quase-perfeitos se conhecem e vivem sonhos de uma noite de verão. Bom, quase um terço das personagens desses livros é composto por psicólogas vestindo tailleur, de óculos, com consultórios chiques e iluminados, recheados de frases motivacionais. Uma visão romântica da psicologia como caminho para a felicidade e o autoconhecimento. E ela fundia imagens de psicanalistas com psiquiatras e achava algum glamour nisso.

E então o ensino médio terminou e ela precisou escolher entre seguir seu sonho ou se preparar para casar com o Cobrão. Escolhas: causas e efeitos. Geralmente aprendemos isso sofrendo, e ela não queria escolher, não mesmo, pois vocês sabem como é a transição da adolescência para vida adulta, uma gangorra de hormônios e emoções e pensamentos imperfeitos.

Resolveu então jogar com o destino: faria o vestibular para psicologia da Universidade Federal de Santa Catarina, o único curso público e gratuito do estado, muito disputado: trinta candidatos por vaga. Se passasse de primeira (não valia chamadas posteriores), terminaria com o namorado e se dedicaria integralmente aos estudos. Se fracassasse, continuaria trabalhando na loja de 1,99 dos pais e casaria com Cobrão (quando provavelmente mudaria de cidade, que era o que geralmente acontecia de melhor para quem nascia nos cafundós). Talvez até se mudasse para Bernardo de Irigoyen — se não poderia ser psicóloga, ao menos teria mais diversão. Maravilha ficava a 112 quilômetros de Bernardo de Irigoyen, na província de Misiones, na Argentina. Era o ponto mais oriental da Argentina, na conhecida "Fronteira Seca", com as cidades brasileiras de Dionísio Cerqueira (Santa Catarina) e Barracão (Paraná). A cidade era ainda menor que Maravilha, mas muito mais agitada. E Maria Helena ia ao menos uma vez por mês para lá com seus pais e o namorado. A cidade era um parque de diversões para brasileiros, que iam fazer compras, já que inúmeros produtos tinham valor menor do que no Brasil: combustível, cosméticos, medicamentos, queijos, vinhos e cervejas, além do câmbio favorável (peso argentino). Na cidade, havia pelo menos dois cassinos e muitos restaurantes, onde era possível se fartar com a deliciosa carne argentina.

A mãe de Maria Helena comprava cosméticos e revendia às amigas; o pai comprava vinhos, também para revender. O lucro das vendas era pífio, mas cobria alguns lazeres, como a ida mensal para a Argentina. Foi lá que Maria Helena viu pela primeira vez uma garota de programa, numa esquina, usando uma roupa semitransparente. Seu pai não conseguiu disfarçar o interesse, e sua mãe teve que lhe dar um cutucão. Durante muitos anos, para Maria Helena, a cidade de Bernardo de Irigoyen foi sinônimo de felicidade, e mesmo já morando em Florianópolis, à noite, na pensão, se imaginava pelas ruas da cidade, olhando as lojas. Seu encantamento foi quebrado em 2017, quando leu nos jornais sobre o assassinato de duas crianças argentinas, de dez e doze anos, em um ritual satânico na Região Metropolitana de Porto Alegre, no Rio Grande do Sul. Um homem, identificado como J. A. A., de 33 anos, de Bernardo de Irigoyen, foi acusado de "pegar" as crianças na Argentina e trazer para o Brasil, onde foram entregues aos líderes do ritual macabro. As duas vítimas foram trocadas por um caminhão, roubado no Brasil. Elas foram esquartejadas e tiveram partes dos corpos jogadas em uma estrada (a polícia supôs que os integrantes do rito beberam o sangue das crianças e possivelmente abusaram sexualmente delas). Elas foram sacrificadas em um ritual encomendado por dois sócios de uma empresa, que queriam trazer desenvolvimento e prosperidade aos negócios. Maria Helena teve pesadelos por semanas e nunca mais dissociou a cidade do homem que vendeu as crianças para o sacrifício. Ela era realmente impressionável em alguns assuntos.

Quando chegou em Florianópolis, achou que não suportaria a solidão dos primeiros dias: a saudade da família e a culpa pelo término do namoro com Cobrão doíam fundo no inverno da alma. Na pensão e na sala de aula, os amigos e amigas não aliviaram nem um pouco com ela. Maria Helena era bonita, tinha um corpo viçoso, mas era uma caipira raiz. Falava carregando o r e se impressionava com tudo. Dois terços da turma eram compostos por mulheres, e a metade delas era de família rica, que apenas escolheram psicologia para não precisarem se matar de estudar medicina ou direito, como seus pais. Essas debochavam de Maria Helena e faziam brincadeiras maldosas. A outra parte da turma era composta em dois núcleos: as CDF de nível Nerd e Hard, que quase não falavam, e as gostosonas, que eram três garotas de programa cientes de sua beleza e nem um pouco preocupadas com o que os outros pensavam delas. Maria Helena foi adotada pelas três. Ela relutou, no início, pois tinha certo preconceito (embora a imagem da garota de Bernardo de Irigoyen sempre inspirasse certa simpatia, e fosse inesquecível). As três até brincavam e diziam que tinham uma missão na vida, e essa missão tinha o nome de Maria Helena. E assim foi.

Maria Helena vivia sempre muito apertada financeiramente: o dinheiro que seus pais mandavam dava apenas para a pensão, comida e passes de ônibus, e isso porque eles já estavam fazendo bicos e viagens semanais para Bernardo de Irigoyen, fazendo compras para revender e suprir o orçamento.

Certo dia, enquanto tomavam uma cerveja, Maria Helena perguntou:

"Então, como faço para começar?"

As gostosonas se olharam. Nunca haviam insinuado ou tentado convencê-la, embora Maria Helena sempre perguntasse um monte de coisas, muitas delas bem estúpidas, sobre como funcionavam os programas.

"Acho que isso não é para você, não, na boa", disse a mais experiente.

Mas ela insistiu.

Alguns do campus já achavam que ela era acompanhante, por só andar com as três, e até houve algumas insinuações. "Chegou a hora de aliviar a vida de meus pais e ter um pouco de conforto." Esse pensamento foi ganhando força a cada dia.

As três foram suas madrinhas de iniciação: escolheram, entre os seus clientes, os mais gentis e atenciosos, e convidaram para experimentar "a nova" do pedaço. E assim foi, sem grandes traumas, dramas ou experiências desagradáveis. E todos estes, da fina seleção, eram melhores e lhe davam mais prazer que o Cobrão. E como o apartamento das gostosonas tinha quatro quartos, ela começou a atender por lá, e por fim acabou se mudando. E logo já podia pagar e frequentar a academia, e até teve consultas com uma fonoaudióloga, que lhe ajudou a falar o r corretamente e a espantar o sotaque caipira do oeste catarinense. Fez anúncios em sites de acompanhantes, tomou um banho de loja e logo já tinha tanta clientela quanto suas amigas.

Quando se formou, já tinha seu apartamento próprio e seus pais já sabiam de sua ocupação. Seu pai ficou alguns meses sem lhe falar, mas foi amolecendo. Sua mãe chorou algumas vezes ao telefone, principalmente no início. Eles pararam de lhe mandar dinheiro, e ela quis ajudá-los com uma mesada, mas eles negaram por um tempo. Depois aceitaram e tudo foi se acertando. Mas nunca falavam disso, nem em casa e nenhum lugar. Seus pais diziam que a filha era psicóloga em Florianópolis, o que era verdade.

Lena era voluntária da ONG Vida Ilha, e três vezes por semana clinicava em um velho sobrado perto de seu apartamento, onde era a sede da instituição. A ONG recebia portadores de HIV, travestis e acompanhantes, oferecendo atendimento médico, odontológico e psicológico gratuito. Lena atenderia três "colegas" nesta quarta, pois não gostava do termo paciente. A primeira seria a Célia, uma travesti desbocada, depressiva e mal-humorada, de quem Lena se esforçava para gostar (mas isso transcendia suas habilidades). Acabavam sempre brigando nas sessões, mas ela sempre voltava, e Lena não desistia, não desistia de ninguém.

"Tu sabe que eu te amo, né, sua vaca?", dizia Célia quando chegava, como se fosse uma desculpa pelo piti da última sessão. Também atenderia o Ronaldo, ex-michê que estava com os dias contados para abraçar a morte, pois seu organismo estava rejeitando os medicamentos que impedem a multiplicação do vírus HIV no organismo. Ele convivia já fazia uma década com o vírus, mas agora as coisas estavam se complicando, e com a rejeição estava ficando fraco, magro e cheio de feridas. "Estou pronto", ele sempre dizia.

Ele queria dizer que estava pronto para morrer, que aceitava sua morte e seu destino, mas a afirmação era falsa; ele não estava pronto e não aceitava, nunca aceitou, a doença, muito menos o destino próximo, e as sessões giravam em torno disso.

Muitas vezes Lena se sentia culpada, por ser jovem, bonita e saudável, e ver alguém da sua espécie, ali na frente, definhando. Sem esperança. Mas ela estava ali para ajudar, para contribuir na caminhada dele, e fazia seu melhor. Lena sempre fazia tudo com camisinha, e mesmo assim fazia o teste de HIV trimestralmente. Também atenderia Luisa, uma menina de dezesseis anos que foi estuprada pelo padrasto aos doze anos, e com catorze já fazia programas com toda a vizinhança. Estava separada da família judicialmente, e vivia num lar para adolescentes, onde também tinha atendimento psicológico. Foi encaminhada para a ONG por um pedido da juíza. Luisa era difícil de lidar, pois toda a atenção que Lena dava para a menina ela queria retribuir, mas de maneira sexual. Estava sempre se insinuando. O sexo provavelmente era sua única moeda.

Mas nem tudo era difícil, e Lena acabou se afeiçoando a algumas colegas, principalmente Sandra e Dani Cristina, duas acompanhantes muito diferentes, em tudo, mas que se aturavam, principalmente nos encontros mensais que aconteciam numa cafeteria do centro, por causa de Lena. A primeira vez que juntou as duas, pensou que fosse também a última. Sandra não parou de falar e Dani Cristina ficou muda: a primeira achou a segunda chata e a segunda achou a primeira uma cascateira tagarela. Outro agravante: Sandra invejava a juventude de Dani Cristina. Sandra se anunciava como "mulher coroa, 44 anos" nos sites de acompanhantes, mas já tinha mais de cinquenta anos, muito bem camuflados por uma série de cirurgias plásticas. E maquiava sempre o pescoço e as mãos, que entregavam a verdadeira idade.

Suas conversas com Lena giravam sempre em torno da idade, do tempo.

Sandra começou a fazer "massagens" quando já tinha mais de trinta anos. Na época era vendedora de uma loja de ternos e estava endividada (sempre fora uma gastadora compulsiva). Como levava cantadas diárias de velhos babões, advogados bestas e executivos metidos a engraçadinhos, um simples cartão de visitas cuidou da transição de vendedora de ternos para puta (palavra que ela mesma gostava de dizer, pois achava sexy). Sua renda triplicou, mas continuou gastando mais do que recebia. E teve que fazer mais e mais programas, e, como não conseguia concorrer com as mais novas, diminuía o preço. "Puta tem que trabalhar mesmo, rárá", sempre dizia.

Lena sabia que Sandra se divertia com o que fazia e, ao contrário de sua psicóloga e de Dani Cristina, gostava de se testar. Já chegara a fazer dez programas no mesmo dia. E, como tinha um bom preço, sempre tinha clientes. Aplicativos como o Airbnb melhoraram a portabilidade, agora era mais fácil passar temporadas em quaisquer cidades, e Sandra então passava duas semanas em Florianópolis e depois ia para Joinville, Blumenau ou Criciúma. "Cada cliente é um cliente. Se tiver química, é uma maravilha. Se não tiver, o importante é que acaba logo. É rápido, não é um casamento. Rárá."

Mas a média atual de Sandra é de cinco programas por dia. E agora geralmente seus clientes são jovens inexperientes ou recém-casados, ou então senhores muito velhos que acham Sandra jovem, e ficam com o pau meia-bomba mesmo com Viagra ou Cialis. "Ah, a idade", diz Sandra, para si e para Lena.

Quando estava começando, tomou alguns calotes: "Médicos gostam de dar calote, querem sexo de qualidade sem pagar."

Mas agora sente quando alguém está mal-intencionado, quando não quer pagar ou está pensando em maltratá-la, pois sempre conversa com o cliente um pouco pelo WhatsApp, e sente se pode ou não ter problemas. Alguns dizem "vou te esfolar" ou "tu vai ver só" e ela liga o alerta vermelho. Mas nem sempre foi assim, antes do Whats sempre caía em furadas. Camisinha, sempre. E Johnson.

Faz seu trabalho, toma um banho, refaz a maquiagem, ajeita o cabelo. Passa um perfume. Sempre cheirosa, atenta. E um pouco preconceituosa: "Pobres não são cheirosos", mas nunca desfaz o cliente. "Tratamento igual!" Mas nem tudo são flores: recebe alguns pedidos estranhos, para ela se fazer de mãe ou tia. Outro dia um cliente lhe ofereceu um bom dinheiro para que ela batesse nele. Isso não era problema. Era bom bater em homem. Mas negou alguns pedidos mais ousados, como um *ménage a trois* entre ela, o cliente e seu porco de estimação, ou arrebentar o cliente e deixar em um mato.

Também atende muitas senhoras de meia-idade ("a voltagem dessas bocetas é incrível, elas vêm com tudo!"), que escondiam seus desejos pelo mesmo sexo em casamentos entediantes.

"Sabe, Lena, eu tenho vontade de pagar teu cachê estratosférico só para ver como é trepar com uma puta de luxo."

Todos que tinham consultas com ela na ONG sabiam de sua jornada dupla, e a respeitavam ainda mais por isso, por Lena conhecer os dois lados da moeda chamada desejo.

"Não vai rolar, Sandra. Sou sua psicóloga."

"Sentir essa carne em todo o seu esplendor."

"Olha, deu para fazer poesias, Sandra?"

"Eu dou para quem pagar, rárá!"

"Deixa eu ver sua carteira?"

"Toma."

Lena olhou todos os cantos da carteira.

"Está livre?"

"Yes, girl."

"Ou está escondendo em algum lugar da bolsa?"

"Na minha bocetinha, quer ver?"

"Te catar, vai!"

"Sério, agora estou livre dessa merda."

Sandra era viciada em clonazepam, o popular Rivotril, que usava constantemente para diminuir sua ansiedade e os ataques de pânico, ou as crises de insônia. Com ajuda de Lena, Sandra foi diminuindo e substituiu pela técnica da respiração diafragmática. Agora não tinha mais nem na carteira, para emergências.

"Estou limpinha, meu amor, só espero não virar uma maria-mijona como a nossa amiguinha, a Dani."

Dani e Sandra eram as únicas que tinham o Whats pessoal de Lena, e conversavam quase todos os dias. Lena tinha dois celulares, um para atender seus clientes, e o pessoal. O de clientes estava sempre com ela também, para marcar e agendar. Mas, como era cara, a procura não era muito grande, e ela olhava com pouca frequência o celular profissional. Já Dani Cristina não fazia tantos programas como Sandra, e não podia se dar ao luxo de fazer um programa por dia, como Lena, pois seu "passe" não era tão valorizado assim. Fazia dois ou três programas por dia, sempre à tarde ou à noite, na sua casa mesmo. Durante a tarde, seus três filhos iam para a escola, e, quando tinha programas à noite, deixava os filhos de cinco, sete e nove na babá, uma senhora desdentada que fazia um maravilhoso bolo de fubá, na rua vizinha.

Dani tinha 26 anos e começou a fazer programas quando seu marido fugiu com uma menina de dezesseis anos, deixando-a sozinha com três filhos para alimentar e cuidar. Sem família em Santa Catarina, não queria voltar de jeito nenhum para Cascavel, no Paraná. Seu atendimento era rápido e eficiente, e durava uma média de trinta minutos. Era atenciosa e tranquila, e não gritava, gemia ou mentia. Não gostava de encenação.

Usava a Prudence porque achava mais resistente, principalmente no anal. Seus clientes eram diversificados: jovens, velhos, gatões de meia-idade sem paciência para flertes ou relacionamentos complicados. E os estranhos, claro: alguns queriam vestir sua roupa, ou que ela vendesse seus sapatos ou calcinhas usadas. E pelo menos uns dois podólatras, que ficavam lambendo seus pés ou esfregando o pau neles. Ela não sentia cócegas, o que lhe garantiu a fidelidade dos dois. A cada dois meses, um rico comerciante "comprava" três dias dela, ou seja, ela deveria ficar dois dias sem atender ninguém e sem tomar banho. E no terceiro dia ele aparecia para sentir o seu cheiro natural, os fluidos. Outros iam só para conversar e tocar punheta. Dani não curtia mulheres, não mesmo. Também não bebia ou fumava, e dividia seus clientes em duas categorias: os diretos e secos, que chegavam a ponto de explodir, loucos para meter e ir embora, e os cautelosos, que aproveitavam a companhia de verdade. Os casados, todos, sem exceção, reclamavam das esposas, e era mais ou menos assim: "Muito papo, pentelhação e pouco sexo." Odiava pau torto, que sempre machucava. Estava economizando dinheiro, guardando dez por cento de cada programa para fazer um curso de design e simetria de sobrancelhas, e quem sabe montar seu espaço em um desses *coworks* de estética. Ganharia menos, certamente, mas poderia falar com seus filhos sobre sua profissão no futuro, e não precisaria mais chupar pintos em casa. Lena e Sandra não tinham filhos, era um pouco mais fácil para elas.

"Sou muito egoísta para ter filhos, mal tenho tempo para mim", diz Sandra, enquanto sorve seu café, e continua: "Além do mais, meu tempo já passou, agora sou só um ventre seco."

"Dá trabalho, consome tempo, é foda. Mas você ama aquelas criaturinhas que vieram de você", arremata Dani, enquanto coloca um pedaço de torta de chocolate na boca.

Lena toma apenas um copo de água.

"Não tenho opinião formada sobre o assunto, sou filha única e por enquanto não ouvi o chamado do corpo, da selva", diz Lena. "Mas não digo dessa água não beberei."

Sandra puxa a fala para si: "O meu chamado já foi, já passei do tempo, e não me arrependo. Certamente morrerei velha e sozinha, quem sabe fodendo ainda. Tomara que tenha dinheiro para pagar uns caras."

As três estavam em seu tradicional encontro, no movimentado café na frente da Praça XV, onde gostavam de matar tempo e jogar conversa fora ao menos uma vez por mês.

Dani falou um pouco sobre seus filhos, e Sandra de suas irmãs, e Lena se perdeu em pensamentos. Essa conversa sobre filhos lhe trouxe uma melancolia que não era habitual, e sua vida, sempre radiante, ganhou um peso. Aquele dia lindo já não parecia mais tão bonito, e a praça, ali na frente, ganhou múltiplas camadas: pessoas conversando, as figueiras centenárias, a Catedral Metropolitana de Florianópolis, dedicada à Nossa Senhora do Desterro, e suas duas cruzes, as crianças que iam ou voltavam da escola, o vendedor de balões de gás hélio, que atendia as mães e seus filhos. Tudo estava mais carregado agora, e as coisas já não pareciam mais tão leves ou bonitas. "O futuro", pensou. Por quanto tempo teria valor no mercado? Não queria ficar até os cinquenta ou mesmo aos quarenta nessa.

Não era tão jovem como Dani, e também não tinha o caminhão de responsabilidades dela. Sinceramente, não sabia o que fazer da sua vida no futuro. Já fora determinada, principalmente na faculdade, mas agora estava mais acomodada. Se casar com um velho rico? Seria fácil, mas não era dessas. Não gostava de mentiras. Poderia voltar para Maravilha e cuidar dos pais, voltar para aquilo que fugiu a vida inteira. Por que não? Vender seu apartamento e investir na loja dos pais, ou comprar um terreno e construir uma casa de dois andares, com salas embaixo para alugar. Ela poderia abrir um comércio ou então prestar concurso para uma prefeitura próxima, que sempre precisava de psicólogas, ou mesmo abrir um consultório. E tudo isso lhe pareceu razoável, ali, enquanto Sandra e Dani conversavam e ela observava o movimento da praça.

Tinha trinta anos, talvez estivesse na metade da vida ou com um terço de sua vida. Quem sabe? Talvez pudesse ir para o nordeste, para uma pequena cidade com praia.

Poderia fazer o que quisesse. Era livre. Mas a ideia de voltar para Maravilha lhe pareceu interessante, mexeu com algo dentro dela, com alguma placa tectônica emocional. "Quem sabe." A vida até agora tinha lhe dado muitas alegrias, e talvez algum dia cobrasse uma fatura, lhe desse um punhado de desgraças. Ou não? Sentiu-se um pouco longe de si. E quando viu uma criança deixar escapar seu balão, e espernear, o tempo pareceu parar. Ao vê-lo subir, rapidamente, e ser carregado pelo vento, Lena pensou que talvez o tio do balão não desse outro para a criança, e pronunciou "*C'est la vie*" tão baixo que ninguém escutou.

Espelho
(*Thwaitesia argentiopunctata*)

A menina observa uma cobra na estrada de barro, o réptil está imóvel, no canto da rua, dormindo. Ela pega um pequeno graveto e pensa em cutucá-la, para ver se está viva. É grande, está esticada, deve ter em torno de um metro. É venenosa, isso a menina sabe, pois o tio Jair já falou uma vez: cabeça de triângulo e rabo que afina rápido, corra!

Mas ela não tem medo, está curiosa. Larga o graveto, se afasta um pouco, pega uma pedra e joga perto da cobra. Rapidamente a cobra se encolhe em forma de espiral, com a cabeça erguida, pronta para dar o bote. A menina joga mais uma pedra, de barro, inofensiva. Dessa vez acerta o corpo da cobra, que bate em retirada para o mato. A menina volta para casa, cantando e saltitando, e pensa na maneira de se controlar para não contar a ninguém.

Da teia gigante
(*Nephila komaci*)

Carol vivia em um relacionamento centrífugo, embora sua vida fosse sempre centrípeta. Talvez por isso a ame e também tenha medo dela ou do que poderia vir de um relacionamento com ela, já que o eixo de rotação de seus dias eram assim.

Boleadeira
(*Cladomelea sp*)

No dia que terminamos (na verdade, eu terminei), ao invés de ir para casa e ruminar sobre o fim do relacionamento, ela foi para a Lapa e conheceu o Maicon. Isso já faz quinze anos, ela tem quatro filhos com ele e parece que estão superbem, às vezes os vejo ali no Arpoador, pegando uma praia. Agora eu não sei se ela ficou com ele por causa da minha rejeição, para se vingar de mim, e leva sua vida feliz (ao que parece) para esmagar a minha escolha de anos atrás (troquei ela por outra mulher que acabou me trocando por outra mulher um ano depois) ou se as coisas se encaixaram perfeitamente, tipo Tetris. Sei o mercado que ela frequenta, ando fazendo compras por lá, na esperança de encontrá-la e por fim fazer essa pergunta.

Gladiadora
(*Deinopis plurituberculata*)

Bruna, ao centro, olha para suas funcionárias, que formam um círculo ao seu redor. É possível ouvir a *Quinta sinfonia*, de Beethoven, como música de fundo.

"Estão ouvindo, minhas queridas, estão ouvindo? É isso, eu quero que vocês tenham essa música na cabeça, sempre, o dia todo, o tempo que estiverem aqui. Ela não remete à grandiosidade? Remete, né."

As vendedoras, em coro:

"Sim, Sra. Bruna."

"Estão vendo, isso é música, isso é arte, isso não nos remete a uma sensação de poder?"

Vendedoras chacoalham a cabeça afirmativamente, mas em silêncio.

"Essa grandiosidade eu quero que vocês repassem ao atendimento de vocês, entendem? Quero que nossos clientes se sintam importantes, de verdade. Escolher um perfume é escolher um aroma, um modo de vida. Eu quero que eles entrem aqui e se sintam na Artisan ou na Fragonard, se sintam em Paris. As pessoas estão comprando uma fragrância, mas também um estilo, um sonho. Então, tratem cada cliente como se fosse o único cliente do dia, como se fosse um cliente preferencial, de verdade.

"Sim, Sra. Bruna."

"Vocês acham que eu gosto de fazer o que fiz agora há pouco, com a Rafaela, vocês acham que eu gostei disso?"

Vendedoras chacoalham a cabeça negativamente, mas em silêncio.

"E peço desculpas se me excedi, peço desculpas sinceras, mas a Rafaela pediu, ela fez por merecer. Eu vim de baixo, minhas queridas, eu vim de baixo, vendendo perfumes que fediam mais que gambá, fediam mais que pinto sujo, sim, pinto sujo, e de porta em porta. Já passei fome, já fui humilhada tantas vezes que até perdi a conta. Mas uma coisa eu aprendi, uma coisa eu aprendi nesse meio: a atender um cliente, a respeitar. O que a Rafaela fez hoje não tem perdão, eu cheguei bem na hora que essa víbora destratava um cliente, um cliente como o Seu Amadeu, que é um dos meus clientes mais antigos. Se botem no meu lugar, vocês fariam o mesmo, não fariam?"

As vendedoras, em coro, com menos intensidade e trocando olhares:

"Sim, Sra. Bruna."

"Eu não quero ver essa guria nunca mais na minha vida. Eu perdi a paciência, admito, perdi a compostura, gritei, esperneei e, se não fossem vocês, eu teria acabado com a raça dela, aqui e agora, mas ainda bem que tenho vocês, que zelam e cuidam de mim. Vocês são meus anjos."

Bruna chora, as meninas a abraçam.

"Vejam, meus anjos, estou perdendo dinheiro também. Vejam, estou de portas fechadas, deixando de vender, deixando de faturar, e o shopping cheio, espumando de gente. E essa crise. E essa vaca vai aprontar, ah se vai, vai me botar no pau, o escambau, mas vocês vão me ajudar, eu sei que vão, vocês viram tudo, não viram? Ela me desequilibrou, ela me tirou do sério, vocês sabem, vocês sabem, eu sou como uma mãe... Uma mãe..."

Bruna se desvencilha das meninas, pega um lenço na bolsa, enxuga as lágrimas, guarda a bolsa. Se recompõe.

"Agora chega, lágrimas não pagam as contas, não mesmo. Vamos, meninas, tomem seus postos. Abram a loja! Não vamos nos abalar, não mesmo!"

Elas se alvoroçam. Duas abrem a porta, duas se posicionam para receber os clientes na porta, duas atrás do balcão, uma vai para o caixa e outras duas ficam à espreita, quase escondidas.

"Sorriso no rosto, meus amores, sorriso no rosto, vocês vendem ouro, ouro, meus amores. Ouro líquido."

"Vou dar uma volta, tomar um café para me recompor, e já volto."

Bruna sai caminhando da loja e vira no primeiro corredor. Caminha alguns passos e para na frente da loja de joias. Olha para alguns colares e vê ao fundo uma das funcionárias se divertindo ao celular. "Essas vacas são pagas para vender, não para ficar de papinho no celular. Se eu encontrar a Cássia, vou falar."

Na loja, Keydi olha o Instagram quando chega uma mensagem no WhatsApp.

"Vixe, Diana, vou ter que sair para comprar lenço umedecido, para levar de noite para casa, você me cobre?"

"Sim, vai lá, dominado..."

"Sabe o que você aprende com a maternidade?"

"A ter mais paciência?"

"A limpar bundas."

"Hahaha... Acho que vou passar a experiência, hehe..."

"Já volto."

Keydi sai, compra o lenço na farmácia do shopping, três lojas depois, e vai ao banheiro.

Quando abre a porta do seu cubículo do banheiro, Bruna está na frente da porta.

"Boa tarde."

"Boa tarde. Estava bom o passeio?"

"Passeio?"

"Sim. Você estava se divertindo no celular, depois foi na farmácia e veio ao banheiro. É para isso que a Cássia te paga?"

"Me desculpe, mas nos conhecemos?"

"Não, sou Bruna Medeiros, empresária."

"Prazer, Keydi, vendedora."

"Vou conversar com a Cássia, sua patroa, sobre isso."

"Sra. Bruna, converse com quem quiser. A senhora não tem mais nada para fazer além de bisbilhotar a vida dos outros?"

Este é um momento crucial da narrativa, em que o autor realmente não sabe que caminho seguir, pois todos os possíveis desagradarão ao leitor. Se a discussão prosseguir e Keydi der uma lição de moral em Bruna, a narrativa terminará de maneira extremamente brega. Se Bruna humilhar Keydi, também. Uma briga física entre as duas é de certa maneira previsível, verossímil, mas não agradaria nem o mais fanfarrão dos leitores, já cansado das lutas de classe, na vida e na literatura. Então é mais fácil criar um asteroide, que acaba com toda a humanidade. Com todas as histórias. Menos com a história do asteroide. E, por fim, todos os leitores saem desta página desapontados, esperando seus próprios asteroides.

Reclusa-castanha-chilena
(*Loxosceles laeta*)

Em *A aranha negra* (1842), do escritor suíço Jeremias Gotthelf (1797-1854), uma terrível aranha gigante aterroriza e dizima a população local após a quebra de um pacto com o diabo. Elias Canetti, Thomas Mann e Otto Maria Carpeaux eram fãs do livro de Gotthelf, mas não sabiam que a história tinha um fundo de verdade. Conquistadores espanhóis testemunharam o ataque de uma aranha gigante nos Andes, numa tribo Mapuche, na divisa da Argentina com o Chile. O problema é que as testemunhas ficaram tão aterrorizadas que nunca mais conseguiram dormir e enlouqueceram. Mas a história chegou para Gotthelf, que criou o livro, que chegou a mim, que chegou a você.

Espinhosa
(*Gasteracantha cancriformis*)

Papai caiu de novo, no banheiro. Para que tanto banho se está velho mesmo? Não tem sentido. Agora é assim, todo mês cai e se machuca feio e eu que preciso correr para lá e para cá com ele, entre a clínica e o hospital. Sem contar que qualquer batidinha fica roxo e meus irmãos ficam consternados. Levantei a questão de um asilo, para que ele e mamãe (que não cai porque só anda de cadeira de rodas agora) ficassem tranquilos, mas meus irmãos ficaram bravos comigo. Para eles é fácil ficarem bravos, moram longe. Eu sou a única que moro perto, e me tornaram babá deles. Mas se Deus quiser logo tudo será resolvido, rezo todos os dias para que se resolva. Você sabe o que fazer, né, Deus?

Marrom
(*Loxosceles*)

Juliana, no banho, passa xampu com cuidado. Seus cabelos são castanho-claros finos, então usa J&J Baby Cabelos Claros, com camomila natural, o único que deixa seus fios brilhantes e macios (e não uma vassoura de palha). Esfrega e enxágua, se enxuga e vai para seu quarto em pequenos pulinhos, como se dançasse. Escolhe cuidadosamente sua roupa. Troca diversas vezes, até que se dá por satisfeita com um macacão leve e florido.

Na sala, pega um pequeno livro de Seicho-No-Ie, escolhe uma página ao acaso e lê em voz alta, como se estivesse em um palco, com uma plateia à frente:

"Quer melhorar seu destino? Use boas palavras. Devemos reconhecer a importância das palavras e construir uma vida luminosa e feliz, proferindo sempre boas palavras. Somente o ser humano consegue usar livremente as palavras e criar o enredo da 'peça teatral' a ser encenada no palco da expressão, que é o mundo fenomênico. Portanto, devemos ter o cuidado de escrever bons enredos."

Ela fecha os olhos, e, quase gritando, diz:

"Bom dia! Bom dia! Bom dia!"

Algumas horas depois, já na cozinha do restaurante, e com um enorme avental por cima do macacão, ela pica um caule de alho-poró, joga na frigideira e refoga com manteiga de garrafa. Passa para outro cozinheiro. Supervisiona os demais cozinheiros, dá ordens, confere a geladeira. Comanda uma equipe de doze pessoas, com segurança e paciência.

E sempre se repetindo, mentalmente, um trecho do que lera pela manhã:

"... construir uma vida luminosa e feliz, proferindo sempre boas palavras."

Com o restaurante já vazio, conversa com Max, o dono.

"Juli, Juli, minha querida Juli. Sempre o mesmo assunto. Você sabe disso e já discutimos mil vezes, não está escrito em nenhum lugar que só trabalhamos com comida orgânica, não é nossa bandeira, não é nosso compromisso, nosso compromisso é com a qualidade, e pronto. É inviável. Impossível. Você sabe o preço de uma cenoura orgânica?"

"Não é apenas a questão da sustentabilidade, Max, mas de sabor, principalmente de sabor, as verduras que você está pegando no Ralf não têm gosto algum. Nada, mais vale pegar chuchu e pintar. O frango também, é uma espuma borrachenta e sem sabor. O alho-poró de hoje tinha gosto de salsicha. Max, nós somos um restaurante decente, não somos? Não me diga que vamos ladeira abaixo?"

"Temos um dilema aqui, Juli, você é a chefe da cozinha, e devemos o sucesso de nossa cozinha a você, que organizou tudo, que antes era uma verdadeira bagunça, você sabe gerir pessoas, sabe gerir uma cozinha, mas eu sei gerir o financeiro, eu sou dono dessa joça. Se comprarmos tudo orgânico ou caipira ou caralho de asas, poxa, vamos falir, não vou conseguir passar o preço para o consumidor final. Eu não quero ver um bando de bicho grilo aqui gastando uma mixaria, esse povo come pouco, você sabe. Você sabe disso, por que teima tanto? E sei que, vindo de você, é só o começo, se eu ceder agora, depois você vai querer carne certificada ou algo parecido. Eu realmente não te entendo, você quer nos falir, é?

"Não é bem assim, Max, você sabe disso, não falei em tudo orgânico, sei que é impossível aqui, mas pelos menos com sabor, eu quero o melhor para..."

"O melhor é qualidade com custo baixo. Nosso compromisso é com os clientes."

"Você generaliza e mistura tudo, Max. E o sabor, Max? Hein? Está difícil trabalhar com esse material. É preciso ter um pouco de responsabilidade, com o preço sim, mas com os clientes..."

"Juli, eu herdei isso do meu pai, você sabe que eu não sei cozinhar um ovo, e só mantenho essa joça porque dá lucro. Você quer tirar meu lucro, é isso? Quer mesmo? Então não tem mais sentido eu ter esse restaurante, que só mantenho porque dá grana. Vendo e pronto."

"Não é bem assim, Max, sempre radical, né? Você pode..."

Renata entra no restaurante, Max dá um sorriso e a chama. Ela se aproxima, dá um beijo no rosto de Max e um selinho em Juliana.

"Fui salvo pelo gongo, ainda bem que você apareceu, Renata, sua namorada estava me pressionando para o restaurante virar um acampamento sustentável."

"Que exagero, Max."

Juliana dá um pequeno abraço em Renata, pega sua mão e as duas sentam.

"Meninas, vou aproveitar esse momento de amor sublime para me mandar. Beijo-beijo. E, Juli, depois continuamos, tá..."

"Tchau, Max, você só me enrola, né?"

"Acho que é a única coisa em que sou realmente bom, né?"

"Um mestre! Até depois."

"Tchau, Max, te cuida!"

"Beijo, linda. Tchau, Renata."

Max sai, Juliana olha desanimada para as costas de Max, faz um carinho nos cabelos de Renata, e se anima um pouco.

"Já almoçou?"

"Não, não quero comer, ultimamente ando enjoando com tudo que como."

"Eu vou comer agora, tem um risotinho de camarão especial..."

"Vixe, não posso nem sentir o cheiro de camarão..."

Juliana delicadamente põe o dedo na boca de Renata, ela se cala. Se abraçam e se beijam.

"... construir uma vida luminosa e feliz, proferindo sempre boas palavras."

À noite, no apartamento de Juliana, as duas assistem à TV, abraçadas, no sofá.

"Tá tão quietinha, hoje, Rê?! O que deu?

"Nada amor, nada."

"Te conheço, fala, nada de segredos, é nosso trato, não é? Verbalizar."

"A dissertação está me incomodando um pouco, minha orientadora não orienta nada, me deixa no escuro, não sei a quem pedir arrego. Não vejo saída..."

"E tua mãe? Poxa, ela coordena o curso..."

"Não posso, ela anda cabreira comigo, a última vez que pedi ajuda ela começou a ajudar, mas depois desceu a lenha, começou a me cobrar e a me jogar na cara algumas coisas... Minha mãe é amarga demais, você sabe, não alivia nunca..."

"E eu, posso te ajudar em alguma coisa? Qualquer coisa?"

"Acho que não, amorzinho, dessa vez vou ter que me virar sozinha mesmo."

"Quer ver um filme? Faço uma pipoquinha bem gostosa... Relaxar um pouco. Acho que tem uma IPA ainda, daquela que você gosta."

'Não, não mesmo, estou de boa."

"Uau, Renatinha negando uma boa IPA, estou assustada mesmo."

"Não ando bem do estômago, e também minhas roupas estão ficando apertadas."

"Ok, mas vou fazer uma pipoquinha. Tem certeza de que não quer me contar algo?"

"Eu ando tendo pesadelos, direto, todos os dias. Mas deve ser a pressão da dissertação."

"Pesadelos? Como assim?"

"Uns sonhos estranhos."

"Tipo?"

"Ando sonhando com um cara, um cara estranho."

"Um cara?!"

"É, um cara que de vez em quando aparece em alguns sonhos."

"Eu conheço?"

"Não, sua bobona, não é nada disso."

"Sou toda ouvidos."

Um homem, de aparentemente quarenta anos, e um menino de cinco, todo vestido de vermelho, param, esperam um pouco e apertam a campainha. Renata abre.

"Boa noite, tudo bem?"

"Trouxe seu filho."

"Meu filho?"

"Seu filho."

"Olha, deve ser um engano, eu não tenho nenhum filho..."

"Tem sim."

"Mãe, sou eu, mamãe."

"Olha, é pegadinha ou brincadeira de mau gosto, viu? Não gostei."

"Você sabe que não é."

"Mãe, sou eu, mamãe, lembra daquele dia..."

Renata fecha a porta. O menino se desespera e começa a bater na porta. O homem estranho vai embora, o menino fica batendo e gritando.

"Mãe, mãe, mãe, mãe..."

Renata senta no chão, com as costas apoiadas na porta do seu apartamento e sente os solavancos da porta e fica escutando, assustada, o garoto batendo em sua porta e gritando.

Juliana, confusa, levanta as mãos. Renata mostra-se nervosa.

"É sempre o mesmo cara, ele aparece e fala que veio deixar meu filho. Eu não entendo, não mesmo."

"Ô meu amor, não é nada, nada mesmo, são só alguns pesadelos, eu também tenho alguns de vez em quando."

"Mas estou cansada, eu acordo chorando, e a voz do menino é tão real, e toda vez que eu vejo o menino no sonho eu tenho certeza de que sou a mãe dele. É um sentimento estranho, uma certeza."

"Meu amor, são apenas sonhos. Seu cérebro processando enquanto dorme, não dê bola para essas coisas."

"Não sei, estou começando a ficar preocupada (limpa as lágrimas). Já venho... Só vou no banheiro, não gosto que me veja assim. Merda, vou ficar toda inchada..."

Renata levanta e sai correndo. Juliana coça a cabeça, pega o controle da TV e aperta um botão.

Por um momento o trecho da frase a incomodou, depois ficou mais forte, e agora era só o que Juliana ouvia: "Merda, vou ficar toda inchada..."

Cara de diabo
(*Verrucosa arenata*)

Ele estava testando sua nova risada: mais aguda e longa, e com término em oô. Era mais ou menos assim: Hahahahahaoô, com sílabas bem definidas e separadas, claro. Todos os meses estreava uma risada nova, que primeiro assustava sua família, mas depois a divertia. Há vinte anos era assim, Elias ria para a vida, e suas risadas diziam assim: "Estou aqui, viu, pra você."

Da-casca-de-Darwin
(*Caerostris darwini*)

Uma roda que só aumentava, umas vinte pessoas falavam alto. Uma senhora olhou para o lado e vomitou. Curioso, se aproximou da roda. De certo era mais um presunto, mais um moleque do tráfico, todas as semanas aparecia um em alguma esquina da quebrada. Mas não, era a perna de um cachorro. Cortada bem rente ao tronco, e jogada na calçada, na frente da casa da Jussara, a diarista. "Acho que agora foram longe demais", pensou o pastor.

Cuspideira
(*Scytodes thoracica*)

Amanda faz compras, e vaga para lá e para cá com o carrinho de supermercado, entre corredores e gôndolas. O carrinho está cheio até a metade, com produtos básicos, além de cerveja puro malte e queijo brie. Não gosta de ir ao mercado, mas não tem quem se disponha a fazer isso por ela. Giba, seu namorado, odeia ainda mais essa função. Amanda tem o costume de cheirar as batatas para ver se estão podres ou não. O que é burrice, pois uma batata podre pode deixar cheiro em dezenas de batatas. Enquanto escolhe batatas, ouve o barulho da chegada de uma mensagem no WhatsApp. Tira o celular do bolso e vê que é um áudio do Dr. Reinaldo.

Pragueja, bota para tocar a mensagem e encosta o celular no ouvido.

"Amanda, bom dia, tudo bem? Desculpe te incomodar, mas é que o Rodrigo deve estar aprontando de novo. Ele não atende mais meus telefonemas, e lá no cursinho disseram que ele não apareceu essa semana, você dá uma olhada e me retorna, por favor? Desculpe a chateação, mas a mãe dele você conhece, e já não dorme mais direito, de preocupação. Obrigado."

Amanda chacoalha a cabeça negativamente, guarda o celular no bolso e, claramente irritada, continua a escolher batatas. Pega as médias e depois cheira. Derruba diversas batatas no chão, chuta uma delas. Depois olha para os lados, para conferir se alguém estava olhando. Algumas pessoas viram, claro, e fazem gestos de reprovação. Ela pega o celular novamente e aperta no botão de voz do WhatsApp:

"Bom dia, Dr. Reinaldo, tudo bem? Pode deixar que eu peço para ele te ligar, hoje mesmo eu falo com ele, e te retorno. Pode deixar."

Ela guarda o celular e fica imóvel por uns instantes, ao lado das batatas.

Rodrigo caminha pela rua, observa as pessoas, o comércio. Senta um pouco no banquinho do calçadão que divide as duas mãos da rua, observa o movimento dos malacos. Um deles senta no banco, ao lado dele.

"Nada hoje, Digo?"

"Não, estou na pior com os velhos. Pendura deizão, Alex?"

"Papai Noel é só em dezembro, Digo, tu já me deve uma grana..."

Alex se levanta, Rodrigo também e segura o braço de Alex, que bruscamente se solta e desfere um golpe em semicírculo contra o abdômen de Rodrigo, que, no susto e reflexo, dá um passo para trás. O golpe corta a camiseta de Rodrigo e o fere de leve apenas. Arranha. Alex olha para Rodrigo e aponta o estilete para o rosto dele.

"Qué morrê, boyzão?"

Rodrigo dá uns passos para trás, assustado, e atravessa a rua correndo, quase sendo atropelado. Caminha mais um pouco, atravessa a rua novamente e pega uma ruela transversal da Hercílio Luz. Entra no Sebo Elemental e começa a fuçar e a olhar os livros. Fica de olho nos funcionários do sebo e, quando eles se distraem, esconde um livro na parte de trás da camiseta e sai. Na praça, tira o livro da camiseta; é um livro erótico, com ilustrações. Fita a capa, sorri e, quando vai continuar a caminhada, ouve a voz de Amanda:

"Ei, Rodrigo, seu folgado. Não te vi na minha aula ontem. Algum problema?"

Rodrigo se assusta, olha para os lados, baixa a cabeça e responde:

"Estava gripado, fessora, desculpe..."

"Melhorou rápido, né?"

"Tomei um monte de suco de laranja e já estou melhor, prôfê."

"Tu não me enrola, Rodrigo, não me engana. Teu pai me ligou. Eu não tenho pena de você não, você pode ferrar com a sua vida da maneira que achar melhor. Estou pouco me lixando. Te fode. Mas não me fode."

"Não diga isso professora, eu só..."

"Que só o quê, rapaz, acha que eu sou otária... Se você continuar assim nunca vai passar pra porra de curso nenhum, o vestibular está aí. Aliás, só tua mãe mesmo para acreditar que tu vai dar em alguma coisa."

"Você está duvidando da minha capacidade?"

"Da capacidade, talvez, mas da força de vontade, sim, sim e sim."

"Eu não preciso ficar aqui escutando isso, quem você pensa que é? Minha mãe?"

"Quietinho, quietinho, baixa a crista, se eu fosse tua mãe ia te moer de pau, isso sim. E que roupa é essa? Parece um mendigo."

"Você não pode falar assim comigo!"

"Vai falar com a diretora sobre isso, é? Pode falar... Você não consegue nem falar com ela, né? Já aprontou tanto que não consegue mais nada, né... Eu estou perdendo tempo com você, por seus pais, meu caro, por seus pais, você sabe disso, não sabe?"

"Você é uma espiã... Uma dedo-duro que recebe para me ferrar, pra ficar de olho em mim, eu não preciso de babá não. Você é uma espiãzinha deles, isso sim, uma lambe-botas, comendo dinheiro deles, e também uma putinha que anda com os alunos."

Amanda dá um tapa de mão cheia no rosto de Rodrigo, que quase perde o equilíbrio e olha assustado para ela. Amanda, com raiva, aponta o dedo para ele:

"Escuta aqui, seu fedelho, quem você pensa que é? Está achando que sou uma bunda-mole? Eu me fiz sozinha e dou para quem quiser, seu babaca. E se seus pais me pagam, é para ficar de olho em você, para que você não se destrua. Você tem ideia das oportunidades que tem? Quanta gente não tem? Um filhinho de papai que tem apartamento, comida e tudo pago para fazer cursinho. Há quatro anos você faz a porra desse cursinho, Rodrigo, há quatro anos. Em quatro colégios diferentes, a tua sorte é que eu dou aula neles, para ficar de olho em você... Vem cá..."

Ela pega Rodrigo pelo braço e vai puxando, com força. Ele tenta se desvencilhar, mas ela ameaça lhe dar outro tapa. Ele se encolhe.

"Quer que eu ligue para seu pai já?! Vem comigo ou acabo com a tua farra aqui."

Na sala de aula, Rodrigo, amuado, olha com ódio para Amanda, que continua sua aula.

"*Esaú e Jacó* retrata, também, a divisão do país à época da Proclamação da República. O conflito entre dois irmãos foi a fórmula utilizada por Machado de Assis para transformar em alegoria um importante período histórico brasileiro: a transição entre Império e República. Na obra, os gêmeos Pedro e Paulo são dois opostos que representam um país dividido entre dois regimes de governo."

"Como era há um tempo, professora? Entre coxinhas e petralhas?", disse um dos alunos, empolgado.

"Eu também ia perguntar isso, professora, tem paralelo?", disse outra.

"Não, meus amores, é diferente."

Amanda suspira, entre cansada e feliz, mas olha para Rodrigo e fecha a cara. Toca o sino, todos os alunos se alvoroçam para sair o quanto antes.

"Meus amores, não esqueçam, quero que vocês selecionem as frases que mais gostaram do livro, para a próxima aula, certo?"

Um coro de alunos, entre entediado e divertido, diz:

"Sim, professora Amanda!"

Rodrigo chega perto de Amanda e diz com sarcasmo:

"Posso sair do cativeiro, prôfê, posso ir embora?"

"Pode, sim, mas eu vou ficar na sua cola, e você vai ligar hoje para seu pai, ou ao menos mandar uma mensagem."

"Nem a pau."

"Vai sim, ou vou ligar para seus pais e contar umas coisinhas que sei. E tu vai comer na minha mão."

"Sabe que vai perder a boquinha, né? Que vou torrar teu filme."

"Vamos ver quem vai torrar quem, então. Agora tu tá na minha mão."

Rodrigo treme, de ódio, seu rosto está todo crispado. E Amanda acha que ele vai explodir, que vai pular no pescoço dela. Mas não. Vira as costas e vai embora. Afinal, Amanda era uma espécie de fiadora de Rodrigo, ele só estava em Florianópolis ainda por causa dela. Se Amanda dissesse "Olha, não dá mais, acho melhor o Rodrigo voltar para casa", pronto, a vida dele estava fodida. Voltaria para a cidadezinha pequena onde seu pai era médico, e onde todos o odiavam.

Rodrigo era o mais velho e tinha mais duas irmãs. Desde pequeno, era um ímã de problemas. Quando contrariado, com três ou quatro anos, se agachava e batia sua cabeça no chão, para o desespero dos pais. Estava sempre se punindo. Além do mais, quando alguém o repreendia, sempre enfrentava. Apanhava, ficava mais revoltado ainda, apanhava novamente. E saía chutando tudo. Os remédios não ajudaram. A ritalina lhe deu mais concentração, mas ficava mais irritadiço. Seu pai já queria se livrar dele, colocar num colégio interno, no exército, em uma clínica, ou em qualquer lugar que o filho não enchesse o saco. Mas a mãe estava lá, sempre, para defender o primogênito, para lhe dar carinho e conforto. E ele se aproveitava disso. O pai já imaginava o dia em que ligariam para ele: "Olha, seu filho se matou" ou "Olha, seu filho teve uma overdose". Ele não tinha mais paciência com o filho, se o filho quisesse se destruir, que fosse longe de casa e não arrastasse o resto da família para o inferno. "Amor e paciência têm limites." A solução foi mandá-lo fazer um cursinho para tentar entrar na Universidade Federal de Santa Catarina, em Florianópolis. A mãe não gostou. "Você conhece ele, sabe que não consegue se virar sozinho, tem a cabeça ruim." A sobrinha de um dos seus pacientes dava aulas de literatura em cursinhos, e se comprometeu, com alguma ajuda financeira, a ser uma espécie de tutora do garoto. Com muitas ressalvas, a mãe concordou, mas as coisas não deram muito certo. No começo, a mãe vinha visitar o filho a cada quinze dias, trazia feijão e sopa congelada, e lhe dava mais dinheiro. Mas as meninas estavam crescendo e precisavam da mãe, e as visitas foram rareando. Rodrigo estava nas mãos de Amanda, e não havia um dia sequer que ele não pensava em matá-la. Mas aí teria que voltar a morar com os pais. Ou na cadeia.

Amanda e Pedro rolam pela cama, ela fica de quatro e o garoto, que tem no máximo dezessete anos e um membro enorme, se sente o cara mais sortudo do mundo por ter aquele rabão ali, para ele, lindo e brilhando. O rabo da professora. Quando goza, segura com força nas ancas de Amanda, que grita. Ambos caem exaustos e suados. Ficam quase um minuto em silêncio, recompondo a respiração e o cárdio. Pedro sai da cama e pega a carteira de Marlboro. Tira um baseado, que está escondido entre os cigarros. Acende e vai para a janela do quarto.

"As duas melhores coisas da vida começam com F: foder e fumar."

"É só isso que você tem na sua cabeça, né?"

"Mas bem que você gosta de cair de boca nessa cabeça, né? Rárá!"

"Piadas e putaria, é disso que vocês são feitos, né?"

"Falou a voz da razão, a professora, aliás, a professora mais gostosa da parada. Quer dar uma bola?"

"Não, não rola, tenho aula à noite, e se fumar fico lesadona."

"Fuma aí, prôfê. Haha. Posso vir aqui amanhã?"

"Não."

"Por que não?"

"Porque eu abro a perna quando quero, entendeu? Você é só a piroca, sacou?"

"Mas adora essa piroca, não gosta? A minha broca do pré-sal."

"Quanta besteira, hein?!"

"Teu namorado não te come?"
"Come, claro, mas não é a mesma coisa."
"Não?"
"Não te interessa, fedelhão."
"Não quer mesmo dar umas bolas? É coisa fina, peguei do Zito."
"Estou tranquila, valeu. Preciso de um favor teu."
"Diga lá, mas sabe que vou querer alguma coisa também, saca? Uma mão lava a outra."
"O quê?"
"Primeiro me diz do que precisa."
Pedro apaga o baseado.
"Quero que você fique de olho no Rodrigo."
"Naquele bosta? Junkiezinho de quinta?"
"Sim, naquele bosta."
"Por quê? Não vai me dizer que..."
"É uma parada minha com os pais dele."
"Vai sair caro."
"O que você quer?"
"Terças e quintas."
"Tá maluco, e o Gabi?"
"Teu namorado trabalha de tarde."
"Terças, só na terça."
"Então não."
"Então arruma tuas coisas e vaza, moleque."
"Nossa, que brabeza."

"Se não quiser, eu arrumo outra piroca, mais útil. É terça ou nada."

"Ok, fico com a terça."

"Agora vem aqui, que faltou algo, não faltou?"

"É pra já."

Pedro corre para a cama.

Rodrigo caminha pela calçada irregular de uma rua do centro histórico de Florianópolis e, no muro de uma casa qualquer, passa bem rente a um bem-te-vi, que não se assusta ou se intimida com a presença dele. Só deu tempo de pensar: "Se você tivesse o dobro do meu tamanho, certamente teria arrancado a minha cabeça com seu bico, seu filho da puta." Mais para a frente, numa casa de muro baixo, vê uma senhora fazendo crochê na varanda. Passa pela casa. Para. A carteira estava ao lado dos rolos de crochê, se fosse rápido e a velha não gritasse, poderia pegar a carteira tranquilamente. Velhinhas sempre tinham dinheiro. Era pular o muro baixo, pegar, correr e pular o muro de novo. "Moleza, mas..." Rodrigo sabia que ali estava o começo de seu fim. Um ladrãozinho de velhinhas não tinha perdão, ou volta. Pensou em suas avós, e pensou em seu pai, que era filho de operários e passou na Federal e agora era médico de prefeitura lá na casa do caralho. Por que ele era um vagabundo, um vadio drogadito? Ninguém sabia. Bons pais, boa instrução. "Não sei o que fiz para merecer isto", dizia sua mãe. Passou mais uma vez pela casa, a velhinha e a carteira estavam ali. Lembrou da sensação de gosto doce na boca, típica do crack. "Se foda." E pulou o muro.

Armadeira
(*Phoneutria nigriventer*)

O passado

A cozinha é apertada e mais parece um corredor. Numa bacia velha, Zita separa as cebolas, tomates, cebolinhas e alho, e passa os razoavelmente aceitáveis para a bancada. Com uma faca de cabo plástico, branca, corta os tomates e a cebola, pica o alho e a cebolinha, e confere se ainda tem curry suficiente no pote.

Dona Zita já passa dos sessenta e ainda precisa trabalhar. Provavelmente vai trabalhar até morrer. Seus filhos são uns folgados e ela precisa sustentar os netos. Sorte que ela sabe fazer pastéis, quer dizer, "o melhor pastel" do centro de Floripa. E passa oito horas por dia ali, naquele corredor que imita uma cozinha.

Você precisa acreditar em algo para fazer com que outras pessoas acreditem?

Há carne moída fresca em cima da bancada, um *blend* de patinho e acém. E outro tanto já na panela.

Você não escolhe o dia para nascer, nem seu signo. E talvez não escolha seu destino. Mas pode escolher seus sonhos. Mesmo que eles acabem com os sonhos de outras pessoas.

Na mesa de plástico, que quase tranca o corredor, e obriga Zita a passar de lado, ela fecha o recheio dentro da massa de pastel. São três montinhos de recheio, em cima de bacias pequenas: carne, queijo e pizza (queijo, tomate e presunto). E depois de frisar os pastéis com um garfo, fechando-os, ela enfileira, separadamente, nas prateleiras que cobrem quase uma parede inteira da cozinha.

Quando decidi que levaria esse meu sonho adiante, tive a certeza de que tudo aquilo que estava no meu presente, meus amigos, minha esposa, minha visão de mundo, ficaria para trás. É assim que nasce o passado. Você empurra as coisas para trás.

Os pastéis estão fritando numa enorme panela, e a escumadeira empurra um a um para o fundo.

Mas não imaginei que eu mesmo, ou aquilo que eu imaginava que fosse eu, também ficasse para trás.

A escumadeira tira um pastel da panela.

Isso eu não entendo. Mas não entendo a maioria das ideias que tenho, nem porque sempre queimo minha boca com pastel.

Marcos chacoalha a cabeça e coloca o pastel, com uma única mordida, no prato.
"Eu avisei que estava quente, eu avisei que estava quente", diz a atendente. Zita escuta, lá da cozinha.
"Eu sei. Não aprendo nunca", diz Marcos.
Concordemos ou não, mas às pessoas sempre falta maturidade ou dinheiro ou espontaneidade. É difícil alguém

ter ou não ter essas três coisas ao mesmo tempo. Marcos Rile não possuía nenhuma delas e ainda usava o cabelo repartido ao meio, como se ainda vivesse nos anos 1980 (talvez nunca tenha saído de lá, dada a sua ingenuidade). Peço desculpas, mas não consigo levar a sério pessoas que repartem seus cabelos, como se fossem os EUA e a URSS dividindo a Alemanha, depois da Segunda Guerra Mundial. Rile tinha um programa de astrologia na rádio comunitária, a Lagoa FM, e também fazia mapa astrológico pelo Facebook, WhatsApp, Skype e, claro, presencialmente, no seu consultório.

Comia na Pastelaria do Italiano ao menos duas vezes ao dia, pela manhã e à tarde, sempre estragando suas refeições. Como comia dois ou três pastéis antes do almoço, mal almoçava. Seu café da tarde também era pastel. Seu colesterol já estava na estratosfera, mas não o julguem. Quem nunca comeu um pastel da Zita não sabe o que é vício. Aliás, nem deveríamos chamar de pastel, ali temos outro gênero, outra categoria, realmente fundadora. E Marcos sempre sai da pastelaria se sentindo culpado, o mais desgraçado dos homens. Alguém incapaz de resistir a seus impulsos. Mas caminha pelo centro de Floripa e vê muita gente mais desgraçada do que ele: os haitianos que carregam bujões de gás, os nigerianos que montam suas "lojas portáteis", os caras que anunciam compra e venda de ouro ou algum restaurante de qualidade duvidosa. E aí se tranquiliza. Marcos caminha apressado, mesmo subindo as pequenas ladeiras que levam à parte alta do centro. E entra no Centro Empresarial Ceisa, onde fica seu consultório.

A minha vida nunca foi fácil. Mas você só sabe que está na completa escuridão quando surge um pouco de luz.

Marcos faz um anúncio no Facebook. R$ 20,00, direcionado para Florianópolis e com uma foto dele ao lado de um mapa astral.

Astrologia na Ilha da Magia
Saiba o que os astros querem lhe falar! Marque uma consulta com o astrólogo Marcos Rile agora mesmo.

E abaixo vem um texto que roubou da internet, de uma concorrente de Goiás, a "Diva da Astrologia":
"O Mapa Astral é o nascimento astrológico de uma pessoa. Ele vai indicar e mostrar as vias positivas e negativas de sua personalidade (nada de apenas tendências, é um documento mostrando claramente tanto as possibilidades quanto as fatalidades, de forma precisa e exata), e como lidar com as mesmas, eventualmente obtendo um pouco

mais de autoconhecimento. Como consequência, você poderá planejar melhor a sua vida. Estudar melhor suas atitudes, seu comportamento e temperamento, e, por fim, tornar-se uma pessoa melhor e alcançar seus objetivos. Sempre ressalto que o signo solar não representa a sua personalidade e ponto final, sendo que também os astros sempre estão em movimento no céu, fazendo mudar, crescer e desenvolver as ocorrências de nosso mundo. Cabe somente a nós mesmos buscar formas de equilibrarmos em nossa vida as polaridades positivas e negativas, através de nosso mapa natal, para nos adaptarmos de forma eficiente no mundo. Agende hoje mesmo sua consulta presencial ou virtual."

Clica em publicar e esfrega as duas mãos, satisfeito.

Grande parte de sua clientela é presencial, e ele também prefere. Mas algumas pessoas se sentem mais confortáveis em falar através de um celular ou computador.

A campainha toca, ele sabe quem é, é Alan. Sai da sua pequena sala e vai para a diminuta antessala, onde confere pelo olho mágico. Quem sabe algum dia tenha grana para contratar uma secretária. Abre a porta, Alan e Marcos se cumprimentam animados e vão para a sala. Marcos espalha papéis em sua mesa.

"Como te adiantei no Whats, preciso de dois logotipos. Mas, se tudo der certo, precisarei de toda a comunicação visual desses dois projetos. Preciso que os logotipos capturem bem o espírito dessas duas ideias."

"Sim, pode deixar, vou seguir seu briefing, seu Marcos, na medida..."

"Olhe, vai parecer estranho, preciosismo, mas eu não quero nada por escrito, então não te mandarei briefing, nenhum documento, nada. Tudo tratado ao vivo, sempre aqui, no meu escritório. Nada de troca de e-mails, Whats, Face, telefone, nada, qualquer assunto sobre as logos, a partir de agora, será tratado aqui, no meu consultório, certo?"

"Sim."

"Você me trará as propostas de logomarcas impressas e, depois de aprovadas, me traz um pendrive com as logos. Não quero rastro algum, não dá para confiar nos e-mails, em link, em nada. Não há privacidade na internet. E quero sigilo absoluto, pois acredito muito nesses projetos, e não quero ver nenhum espertalhão roubando minhas ideias."

"Como o senhor preferir, Sr. Marcos."

"Ótimo, ótimo, espero que você me entenda..."

"Sigilo absoluto, discrição, conte comigo. Uma marca é um patrimônio, eu entendo."

"Ótimo, o primeiro passo, a primeira logo, é justamente sobre esse grupo que estou criando, é um grupo de terapia baseado na astrologia."

Marcos mostra as folhas que estão sobre a gaveta, numa folha em branco escreve gtDOCAS em letras grandes.

"Pensei em algo assim: gt em minúsculas e docas em maiúsculas, tudo junto, sem espaço: gtDOCAS. Entendeu? E embaixo: Grupo de Terapia Doze Casas. Muito brega?"

"Posso ficar com esse papel?"

"Não."

"Ah, claro, desculpe... Deixe-me pensar... Gt em minúsculas, e docas em maiúsculas. Grupo de Terapia... Só um instante... Pois então, parece que tem a ver com docas, dondocas. Não está muito legal."

Marcos amassa, faz pose de jogador de basquete e atira a bola de papel no lixo.

"Então deixo em suas mãos, me surpreenda. Esqueça a abreviação, as docas. Crie algo para o Grupo de Terapia Doze Casas. Certo? Está claro?"

"Sim, Seu Marcos, está claro. Nada de GtDocas. Pode deixar. E sempre aqui no escritório, certo? Sem rastros, só no pessoal. E no sigilo e discrição."

"Isso, agora vou te explicar melhor... Nesse grupo vou reunir doze pessoas de signos diferentes para que eles entendam o quanto são diferentes e iguais, ao mesmo tempo, e como a astrologia pode ajudá-los a se encaixar no mundo de hoje."

"Um grupo de terapia, mas com base nos signos? É isso?"

"Sim, isso também, mas não apenas isso. Tenha em mente a questão da unidade, a unidade dos signos."

"Certo."

"Preciso de um logotipo forte para esse grupo."

"Certo, Sr. Marcos, eu tenho umas perguntas padrões, um questionário na verdade, para a gente montar um briefing bom. Como o senhor não quer nada por escrito, posso perguntar e o senhor..."

Alan tira um papel xerocado de uma pasta.

"Deixe-me ver isso..."

Alan entrega o papel para Marcos, que lê tudo calmamente.

1) Qual nome e elementos deverão compor o logo?
2) Como você descreveria seus produtos e serviços?
3) Quais as metas a longo prazo de sua companhia?
4) Por que busca por um novo logotipo? Quais as sensações e mensagens que deverão ser passadas através desse novo logotipo?
5) Quem são seus principais concorrentes? Se eles possuem site, cite os links de suas respectivas páginas.
6) Quais os diferenciais de seus concorrentes?
7) Qual o perfil de seu público-alvo?
8) Possui algum slogan? Deseja que o slogan faça parte da composição do logotipo?
9) Tem em mente algum estilo ou algo que queira que esteja presente no logo?
10) Possui alguma preferência de cor?

11) Existe alguma cor que não gostaria que estivesse presente na composição?
12) Quais são os adjetivos que melhor descreveriam seu logo?
13) Que mensagem e sensação deseja que as pessoas tenham ao ver o seu logo?
14) Cite pelo menos cinco exemplos de logotipos de outras empresas, independente do mercado que atuam, que mais lhe agradam. Cite o que mais chamou a atenção em cada uma delas.
15) Como deseja que apareça a tipografia? Exemplo: script, itálica, light, negritada, manuscrita, informal etc.
16) Onde usará seu logotipo? Exemplo: na web, em impressões etc.
17) E qual será o local principal onde o logotipo será usado? Se o uso principal for na web, geralmente utilizamos logos horizontais.
18) Qual o tempo de entrega desejado?
19) Qual o valor de investimento para esse projeto?
20) Deseja algum serviço especial para esse novo logotipo, como ilustrações, caricaturas ou manual de identidade visual?

"Esqueça isso, as duas logos que eu preciso são coisas meio novas, com poucas referências, vai ter que se virar do zero, Alan..."

"Certo."

Marcos devolve o papel para Alan, que cuidadosamente guarda na pasta. E Marcos continua, fala sobre sua ideia de terapia e finge humildade. Na verdade, Marcos acreditava que estava criando um novo método de psicoterapia, e que no futuro até criassem um nome para ela, tipo rileana, para se juntar a algumas opções, estar ao lado da psicanálise freudiana, da junguiana, da lacaniana, reichiana, da cognitivo-construtivista, da analítico-comportamental, cognitivo-comportamental, gestalt-terapia, psicodrama e mais. Era apenas mais um sonho, pois Marcos tinha algumas ideias rabiscadas, e nenhum estofo teórico. Achava que, com esse primeiro grupo de análise baseado na astrologia, poderia levantar dados e experiências para enfim engendrar algo concreto no campo da teoria. "Primeiro a prática, depois a teoria", acreditava. Já se imaginava com um livro publicado sobre o tema, e o sucesso do livro. E também as palestras, as consultas com as celebridades e grupos de terapia baseados na astrologia surgindo em todo o país (sempre com doze pessoas de signos diferentes reunidas para que cada uma delas aprenda a se conhecer melhor com os defeitos e qualidades dos seus signos). Rile também queria usar essa experiência para achar alguma maneira de levantar recursos para a realização de outro sonho: a construção de um spa com preceitos astrológicos na Lagoa da Conceição, lugar paradisíaco de Florianópolis. Um spa onde você tem atividades direcionadas, de acordo com seu signo: Spastrologia. Já imagina a rede Spastrologia espalhada por todo o globo, e ele, com um jatinho maior que o do Luciano Hang, visitando suas filiais pelo mundo. Marcos era um bom sonhador, daqueles que sabiam fabular, pois devaneava em cima de outro faz de conta. Mas a realidade tem suas armas.

Marcos chega a seu apartamento. Há referências astrológicas em tudo: quadros, livros, desenhos. Chama a esposa, que não escuta, deixa sua pasta e um monte de correspondências em cima da mesa. Pega uma cerveja na geladeira, abre. Senta na cadeira da mesa da cozinha e começa a abrir suas correspondências. Se assusta com a chegada da esposa, Vanessa, que vem do quarto.

"Oi, amor, que susto, pensei que você não tivesse chegado ainda."

"Oi, cheguei sim, estou com uma dor de cabeça daquelas."

Beijo burocrático de Vanessa em Marcos.

"Tem aspirina. Tomou?"

"Sim, três, vai ferrar com meu estômago, com certeza..."

"Está com fome?"

"Um pouquinho..."

"Posso fazer uma tapioca de queijo, ou atum, deixe-me ver se tem ainda..."

Marcos vasculha a geladeira e o armário.

"Acho que não tem mais, viu, mas parece que eu tinha comprado..."

"Deixa para lá, depois a gente faz um misto, tá?"

"Certo, e como foi o dia hoje?"

"O mesmo tédio de sempre, sempre a mesma história, os mesmos problemas. Nenhuma novidade. E o seu?"

"Um pouco chato também, na rádio foi legal, é sempre legal. Mas no consultório foi um saco, estou perdendo a paciência, as pessoas acham que eu sou a salvação da vida delas ou algo parecido e que vou resolver os problemas de suas vidas. Eu não tenho resposta nenhuma, eu apenas leio um mapa astral, interpreto padrões energéticos, e ainda com a ajuda de um programa de computador. Sou um despachante astrológico. Mas o Alan foi lá hoje para vermos a logo do grupo."

"Tenha paciência, as pessoas precisam de alguém como você, que as escute, que faça com que elas se relacionem, se conectem com o universo."

"Sou apenas um despachante, isso sim."

"E o grupo? Como vai? Você estava tão empolgado com ele, vai dar certo?"

"Está difícil fechar os doze, está osso mesmo. Estou convidando meus clientes e nada, a maioria não quer, diz que está muito ocupada, não tem tempo. Mas eu tenho uma carta na manga."

"Posso ver lá no trabalho..."

"Não, nem esquente, deixa que vou tentando, uma hora eu consigo... Posso testar uns anúncios no Facebook e fazer uma seleção. Ou posso chamar pela rádio... Mandei fazer as logos também."

"Legal, depois quero ver. Certo, o Rodolfo quer falar contigo, vai passar aqui."

"Hoje?"

"Sim, daqui a pouco deve aparecer..."

"Não tem como você atender e dizer que..."

"Não, encontrei com ele no elevador e ele me perguntou se você estaria hoje à noite em casa: eu disse que sim. Ele vai passar aqui."

"Logo hoje, que estou moído... Ele adiantou o que era?"

"Alguma coisa do condomínio, do fundo de reserva. Eu já te disse mil vezes para não se meter nisso, mas você aceitou ser conselheiro do prédio. Merece, viu!"

Alguém toca a campainha. Vanessa dá um sorriso sarcástico, dá um tchauzinho e vai para o quarto.

O presente

Sandro passa pelas cadeiras do auditório e vai até o palco, onde há treze cadeiras, dispostas em círculo, onze pessoas sentadas e Marcos em pé. Sandro senta.

"Agradeçam ao nosso amigo Sandro, que conseguiu o auditório para a gente. Aqui será nosso ponto de encontro de todas as quartas-feiras a partir de hoje."

"Valeu, Sandro, arrasou", diz Douglas.

"Muito bom, Sandro, obrigado", diz Juliana.

Lena faz um joia com a mão.

Segue um coro onde todos agradecem.

"Nada como um ar-condicionado bem regulado, que maravilha", diz Bruna.

Todos riem. Jeferson e Raul se mostram inquietos e de cara amarrada.

"Estacionamento, gente, isso sim é uma dádiva", continua Bruna. Poucos se empolgam.

"Gente, não agradeçam a mim não, agradeçam à gerente do hotel, a Dandara, ela que gentilmente cedeu, eu apenas pedi. Ela deve pintar hoje ou na próxima quarta para dar um olá."

"Mesmo assim, obrigado, e agradeceremos a Dandara também pela acolhida", diz Marcos.

"Massa, ela vai curtir", diz Sandro.

"Bom, vamos lá...", começa Marcos.

"O banheiro fica onde?", pergunta Bruna.

"À esquerda, ali, depois da cortina", diz Sandro.

Bruna finge correr, dá uns passinhos rápidos e vai até o banheiro. Marcos e o grupo se mostram impacientes com a demora da Bruna. Ouvem o barulho do xixi e a descarga, ela vem apressada e se senta.

"Desculpe, pessoal, o xixi amigo sempre chega na hora errada."

"Teremos um intervalo às 20h30 para quem quiser ir ao banheiro ou tomar um café na esquina, a padaria é ótima. Recomendo. Estão de acordo?"

Alguns dizem sim, outros chacoalham a cabeça afirmativamente.

Lena confere suas mensagens de Whats. Estava arrependida de ter se inscrito.

"Bom, alguns de vocês me conhecem pessoalmente, são pessoas que vejo todos os meses ou mesmo todas as semanas no meu consultório. Mas a maioria de vocês eu não conheço, e chegaram aqui pelo anúncio que fiz no Facebook, se inscreveram e passaram por uma seleção. Agradeço a presença e o compromisso e, principalmente, a confiança. Sejam bem-vindos!"

Vemos, então, o rosto de cada um dos doze participantes. Alguns estão confortáveis, outros impacientes e muitos de cara amarrada.

Marcos continua: "A astrologia é o estudo das estrelas e planetas, além de sua influência sobre o comportamento humano. Ela surge com a percepção de que existe uma relação entre o Céu e a Terra, e que essa relação é previsível. A crença de que o Céu era um registro da vida na Terra foi sustentada pela maioria das civilizações antigas e pré-

-modernas. Temos aqui doze pessoas de signos diferentes para que cada um aprenda a se conhecer melhor, com os defeitos e qualidades dos seus signos e dos signos dos demais participantes. Tradicionalmente, a base de trabalho do astrólogo é o mapa astrológico, um diagrama que representa as posições planetárias do nascimento do indivíduo ou do momento em estudo. Para fazer a interpretação, o astrólogo relaciona os símbolos presentes no mapa com a pessoa ou evento. No mapa de um indivíduo, os símbolos astrológicos traduzem aspectos da sua individualidade, indicando ainda as suas principais tendências e comportamentos nas diversas situações de vida. Mas eu tenho outras cartas na manga para apresentar a vocês: os campos energéticos."

A primeira sessão animou a turma. Marcos falou sobre o propósito da terapia baseada na astrologia, se apresentou e depois os participantes se apresentaram. Por fim, começou a fazer perguntas individuais, para cada participante, e relacionando com seus signos. O encontro terminou animado, com ninguém querendo deixar o auditório. Marcos se sentiu exultante. "Eu vou conseguir."

O futuro

Não sinto falta da comida. Mas da fome. Do mastigar. De escutar o crec, como o Marcos gostava de dizer, de sua comida predileta: pastel. No primeiro encontro do grupo, ele falou de seus vícios, de como era um ex-fumante que ainda gostava do cheiro do cigarro, e às vezes comprava cigarros para sentir o cheiro. E como cada vez que tomava uma cerveja sentia uma louca vontade de fumar. Mas deixara o cigarro. Não os pastéis. Mesmo com o colesterol na estratosfera. Mesmo tendo que experimentar todo o grupo das estatinas para baixar o colesterol. "O pastel é minha religião." É claro que essas confissões, no primeiro dia, e as piadinhas, eram um quebra gelo, pois estávamos nervosos. Um bando de desconhecidos numa sala, de idades e estratos sociais diferentes.

Mas agora estamos todos na mesma, na pior das situações. Alguns certamente já estão mortos, outros como eu: entre a vida e a morte. O primeiro a cair foi Marcos, de cara no chão. Corremos para ajudá-lo e logo depois também sentimos vertigens e vontade de vomitar, e tudo foi se apagando. Às vezes voltávamos e, quando percebi, estava na ambulância, ou na entrada do hospital. Intermitências.

E se morrer for isso mesmo: uma consciência no escuro? Então estou morta e serei obrigada a me escutar, a me lamuriar, a contar essa mesma história sempre e sempre. A história de Marcos Rile, que por fim se tornou a minha história, ou pior, a história do meu fim. E talvez a história do fim de Rile.

Era uma vez um astrólogo que criou um grupo de terapia e as coisas não saíram como planejado.

Não há o que temer. Se estou aqui, estou e pronto.

Eu estou no escuro. Com vozes que vão e vêm, às vezes escuto alguém na sala. Devo estar em coma. Também outra voz me faz perguntas, como se eu fosse duas e não uma. Eu e minhas consciências. É estranho você poder pensar, mas não poder se mover, com sons que vêm e vão. Será que vou me lembrar disso? Geralmente as pessoas não lembram de nada? Só sei que não estou morta, o que já é alguma coisa, pois estou pensando, e mortos não pensam, eu acho. Mortos apodrecem. Agora consigo compreender um pouco melhor tudo o que aconteceu. É engraçado, quando você está despida de seu corpo, de uma massa, dos hormônios, do intestino, da bílis, tudo parece mais simples, mais claro. Com certa perspectiva. O corpo é um entrave, na verdade. Quem é mulher, sabe. Você está na rua, está se cuidando, zelando por ele, com os olhos bem abertos, cuidando dos movimentos. Meus preconceitos ficaram com meu corpo. Me lembro da chegada no hospital, vomitando, sem ar. Eles também chegaram. Alguns chorando, outros esperneando. Poder pensar já é um alívio, aqui, sozinha, no escuro. "Foram envenenados, foram envenenados!", gritava uma das enfermeiras.

Sim, fomos envenenados, certo, isso é fato. Mas quem nos envenenou, com que tipo de veneno e por qual motivo? Este é o mistério. Tentei, mentalmente, resumir o perfil de cada um, e ver quem era o suspeito mais plausível. Todos são suspeitos, inclusive eu.

Marcos Rile, 42 anos, geminiano, horoscopista e consultor astrológico. Ansioso e ambicioso, não mede esforços e conhecimento para conseguir o que almeja. Alto, magro e de movimentos rápidos, veste-se de maneira conservadora. É casado com Vanessa, sua segunda esposa. Estilo: homem na crise da meia-idade que usa camiseta dentro da calça e cabelo repartido ao meio.

Sandro Marques, 28 anos, ariano, garçom, surfista e lutador de jiu-jítsu. Ingênuo, crédulo e bem-humorado, estatura mediana, sarado. Estilo: praia.

Bruna Medeiros, 50 anos, taurina, proprietária de uma franquia de loja de perfumes. Teimosa. Coroa gostosona metida a esperta que sempre tentou desestabilizar o grupo. Irônica, sarada e sedutora. Estilo: perua de praia.

Douglas Silva, 33 anos, geminiano, chefe de recepção de um hotel. Embora educado, ponderado e político, é instável e fácil de manipular. Estilo: cabelo com gel e camisa polo a toda hora.

Marcela Gomes: 63 anos, canceriana, negra, empresária do ramo imobiliário. Carinhosa e protetora, polida e direta, é a ricaça do grupo. Estilo: senhora respeitável, bem-vestida e cheirosa.

Maria Helena, a Lena: 28 anos, leonina, psicóloga (mas desconfio que seja garota de programa também). A mais bonita e sedutora do grupo: exerce fascínio sobre todos. Estilo: um bonde chamado desejo.

Raul Santos: 45 anos, virginiano, funcionário público municipal. Um ateu que quer ser convencido da existência de Deus e dos astros. Entra sempre em confronto com Rile. É o típico senhor de extrema direita. Estilo: cabelo dividido ao meio, camisa com bolso (sempre com uma caneta) e sapato bico fino.

Juliana Lima: 29 anos, libriana, chef de cozinha, pratica yoga e trekking. Gay assumida e bem-resolvida. É a mais equilibrada do grupo. Estilo: riponga hi-tech.

Rodrigo Stuart: 21 anos, escorpiano, sustentado pelos pais (médicos), tenta pela quarta vez passar no vestibular de alguma coisa da UFSC. Autodestrutivo, testa todos os seus limites. Estilo: grunge de ocasião.

Amanda Klein: 33 anos, aquariana, professora de literatura de cursinho. Estilo: visual clássico da professora suburbana.

Keydi Ramos: 37 anos, sagitariana, sonhadora, cria dois filhos sozinha. Vendedora de joias numa loja do shopping. Estilo: uma jovem senhora, sempre de jeans e camiseta.

Jeferson Dias: 39 anos, capricorniano, guia de turismo. Niilista e mal-humorado, está deprimido. Estilo: sandália, camiseta de banda de rock e bermuda de sarja com bolsos.

Augusto Barbieri: 60 anos, pisciano, professor de geografia aposentado, homossexual assumido. Estilo: Zara.

Quem? Como? Era a nossa festa, a confraternização de um ano do grupo, e estávamos felizes, exultantes. Acho que até entrosados. Principalmente Marcos, que disse estar escrevendo um livro sobre tudo que vira, sobre todo o processo. Quem de nós teria motivos para, sei lá, se matar e matar todos os outros? Marcos não merecia isso, nem eu. Nem ninguém. A nossa festa. O escuro cansa. Combinamos de cada um trazer algo para comer e beber, então tínhamos cachorro-quente, abobrinha recheada, umas comidas naturebas da Juliana, o Marcos trouxe pastéis, muita coisa. Mas todos passaram mal, então... Um dia antes do nosso encontro, tive um sonho estranho, esquisito mesmo. Eu estava comendo um pastel de aranhas vivas. Eu ia mordendo e algumas iam fugindo, me picando. Outras estavam grávidas e logo meu rosto ficou tomado de diminutas aranhinhas, que mais pareciam formiguinhas. Lembro que estava tudo muito saboroso, e aranhas têm uma textura diferente no mastigar, o corpo parece a casca de um kiwi, e o restante, brócolis-chinês. Eu acordei e fui correndo ao banheiro, mas não consegui vomitar. Voltei para a cama e apaguei. Mas isso foi um dia antes, e não o depois, que eu vomitei muito. Que todos estavam vomitando. Pelo que eu me lembro (só se alguém fingiu), eu vi todos se contorcendo no chão, e foi desesperador. Você treme. Eu só belisquei algumas coisas. Só pode ter sido o ponche então, todos beberam o ponche, mas eu vi fazerem o ponche, na hora.

Só se colocaram alguma coisa lá depois. Aranhas? Acho que teríamos percebido, né?

Você acaba se acostumando com a escuridão, e até acredita que vê vultos, que é capaz de discernir contornos. Mas é só breu. Você pode mudar o passado. Empurrá-lo para o fundo. Fritá-lo como um pastel. Mas não pode apagá-lo.

O pintor e impressor Joris Hoefnagel (1542-1600) ficou famoso por suas ilustrações de história natural, e soube como poucos captar a essência das aranhas. Durante séculos, suas ilustrações foram malvistas, pois muitos acreditavam que à noite as aranhas saíam do papel para picar quem estivesse por perto. De fato, algumas pessoas de seu círculo tiveram mortes estranhas, mas eram outros tempos: outras aranhas.

Este livro foi composto na tipografia Minion
Pro, em corpo 12/17, e impresso em
papel off-white no Sistema Cameron da
Divisão Gráfica da Distribuidora Record.